패들렛 완전정복

패들렛
완전정복

36가지 블렌디드 수업 디자인

김성규 지음

추천사

　29기에 걸쳐 이미 쌤모임 최고의 인기 강좌가 된 '패들렛 완전정복'! 단순한 패들렛 기능 강의가 아니라 2020년 코로나 격변기, 교사로서의 치열한 삶이 담겨 있어서 더욱 감탄했습니다. 보드게임, 그림책, 토론, 시 등 선생님의 관심이 오롯이 연결되어 녹아 있는 패들렛 수업을 보며 새삼 좋은 수업을 하고자 하는 교사의 열망이 패들렛을 이렇게 완전체에 가깝게 진화시켰구나 하는 생각을 하게 됐습니다. 패들렛 기능서가 아니라 '행복한 김선생'의 삶을 소개한 책으로 강력히 추천드립니다.

- 허승환(『허쌤의 비접촉놀이』 저자)

　명필은 붓을 가리지 않는다고 하지만 명필이 좋은 붓을 만나면 명작을 만들어낼 수도 있습니다. 교사는 학생들과 만나서 상호작용을 통해 성장을 돕습니다. 여러 이유로 인해 만남과 상호작용이 어려워진 이 시대에 아주 좋은 붓, 패들렛을 소개합니다. 패들렛 사용 방법만이 아니라 학급 경영, 독서 교육, 토론 교육, 다양한 교과 수업과 그림 놀이까지 큰 도움이 되는 구체적인 방법을 배울 수 있습니다. 쉽고 효과적인 이 책을 읽고 하나씩 실천해 보면 온라인, 오프라인을 가리지 않고 멋진 학급 운영과 수업을 하는 자신을 발견하게 될 것입니다.

-정유진('사람과 교육 연구소' 대표)

삶으로 아이들과 함께하며, 동료 교사들과 상호 협동적인 참여와 소통을 통해 교육의 품을 키우고 있는 행복한 김선생, 김성규 선생님. 그는 온라인과 오프라인을 아우르는 유용한 수업 도구로 패들렛을 추천합니다. 이 책은 단지 패들렛의 기초적인 기능을 전달하는 데 그치지 않습니다. 패들렛을 활용한 학급 경영, 독서 교육, 토론 교육, 교과 수업과 수업 놀이까지 광범위하게 다루면서, 궁극적으로는 교육에 대한 고민과 철학을 나누고 있습니다. 아이들도 교사들도 행복한 삶을 꿈꾸는 김성규 선생님의 도전을 흥미진진하게 지켜보며 응원합니다.

- 옥상헌(『옥이샘의 뚝딱 미술』 저자)

'패들렛 하나로 할 수 있는 활동이 이렇게 많이 소개된 책이 있을까?'라는 생각이 들 정도로 학급 경영부터 그림 놀이까지 교실에서 활용할 수 있는 꿀팁이 책장마다 넘쳐납니다. 머리 아프고 지루한 기능 설명이 아닌, 오늘 읽고 내일 바로 써먹을 수 있는 패들렛 활용 수업이 궁금하다면, 이 책은 더할 나위 없이 최고의 선택이라고 확신합니다.

- 정구철('수업친구 더불어숲' 회장)

저자의 말

"선생님은 패들렛을 왜 추천하시나요?"

첫 패들렛 강의를 시작할 때, 연수에 참여한 선생님 한 분이 제게 던진 질문입니다. 질문을 받는 순간 머릿속이 복잡해졌습니다. 패들렛의 기능과 사례 소개만 잔뜩 준비했는데 이렇게 근본적인 질문을 받을 줄이야! 찰나의 순간이지만 곰곰이 생각해 봤습니다. 제가 패들렛을 썼던 이유, 그리고 선생님들께 패들렛을 자신 있게 추천드리는 이유를요. 그랬더니 다음과 같은 장점들이 떠오르더군요.

● **패들렛을 자신 있게 추천하는 이유**

첫째, 간단하고 쉽습니다. 사실 저는 요즘 대세라는 코딩이나 어려운 프로그램을 잘 다룰 줄 모릅니다. 제대로 할 줄 아는 거라고는 한글 문서 편집과 PPT 작업 정도지요. 그런데 패들렛은 저 같은 평범한 사람조차 어렵지 않게 사용할 수 있을 만큼 쉽고 직관적인 도구더군요. 클릭 몇 번에 가입과 설정이 끝나고, 공유 한 번에 양질의 수업 결과물을 얻을 수 있을 정도로요. 더 좋았던 것은 저뿐만 아니라 학생들 역시 쉽게 사용할 수 있었다는 점입니다. 번거로운 앱 설치와 가입으로 쓸데없이 기운 빼는 일 없이 링크를 통해 바로 수업에 참여할 수 있으니 학생들의 반응 역시 긍정적이었습니다.

둘째, 온라인과 오프라인에서 모두 유용합니다. 저는 온라인에서만 쓸 수 있는 도구들은 애초에 배제해 놓았습니다. 등교 수업과 원격 수업이 혼란스럽게 교차되는 시기에 사용하는 수업 도구가 자주 바뀌어선 안 된다고 생각했기 때문입니다. 그런데 패들렛은 원격 수업뿐 아니라 등교 수업에서도 학생들의 생각을 이끌어낼 수 있는 아주 훌륭한 도구입니다. 온라인과 오프라인을 모두 만족시키는 전천후 플랫폼인 셈이지요.

셋째, '활용 범위'가 굉장히 넓습니다. 패들렛은 선생님과 학생이 공유하는 하나의 커다란 온라인 칠판과 같습니다. 칠판이 모든 수업에 항상 필요한 것처럼 패들렛 역시 어느 교과, 어느 활동이든 찰떡같이 어울리는 특징을 갖고 있습니다. 이처럼 활용도가 높다는 것은 다른 온라인 도구와 확연히 다른 패들렛만의 장점이기도 합니다.

쉽고, 온라인과 오프라인에서 모두 유용하며, 어디든 다양하게 활용할 수 있다는 것! 이 세 가지만으로도 패들렛을 쓸 이유는 충분하지 않을까요?

● 편하게 쓰고 즐겁게 말하는 수업을 꿈꾸며

미하일 바흐친이라는 러시아의 철학자는 이런 말을 남겼다고 합니다.

"삶은 본질적으로 대화다. 산다는 것은 대화에 참여한다는 것을 의미한다. 묻고 귀를 기울이고 대답하고 동의하는 것이 삶의 본성이다."

제가 꿈꾸는 수업도 이와 다르지 않습니다. 서로 질문을 던지고 귀를 기울이는 수업, 함께 대화하고 동의하는 수업, '삶의 본성'을 거스르지 않는 수업. 이런 수업을 실현하기 위해 노력하는 과정에서 패들렛은 든든한 지원군이었고 고마운 조력자였습니다. 『패들렛 완전정복』이 단순한 패들렛 활용서가 아닌, 교육에 대한 고민과 철학을 공유하는 책으로 선생님께 다가가길 바랍니다. 선생님께서 꿈꾸는 수업에 약간의 영감을 드릴 수 있다면 그것만으로도 제겐 큰 영광일 것 같습니다. 항상 선생님의 수업을 응원합니다.

-'행복한 김선생' 김성규

차례

추천사 4 / 저자의 말 6

1장 | 패들렛 기초학습

1. 구글 아이디로 패들렛 가입하기 12
2. 패들렛, 유료로 써야 할까? 13
3. 내 수업에 꼭 맞는 패들렛 만들기 17
4. 학생들 초대하고 게시물 올리기 22

2장 | 학급 경영

1. 우리가 만들어요 〈학급 가이드라인〉 32
2. 학생들의 생각을 깨워요 〈아침 글똥누기〉 36
3. 간단하게 만들어요 〈우리 반 글모음집〉 42
4. 한 방에 해결해요 〈온라인 과제 수합〉 46
5. 언제 어디서든 자랑해요 〈우리 반 전시관〉 50
6. 신청곡 받아요 〈패들렛 뮤직박스〉 54
7. 이미지로 말해요 〈오늘 내 기분은?〉 58
8. 물건으로 나를 말해요 〈소나기: 소중한 나의 이야기〉 62
9. 따뜻하게 바라봐 〈나는 참 예뻐요〉 66
10. 온라인에서 시험을 〈패들렛 쪽지시험〉 71

3장 | 독서 교육

1. 즐겁게 책 탐색하기 〈당신의 책을 가져오세요〉 76
2. 어떤 책일까 〈책 표지 관찰하기〉 80
3. 그것이 알고 싶다 〈등장인물 분석하기〉 84
4. 자유롭게 말하기 〈내 생각은 이래요!〉 89
5. 다시 만드는 그림책 〈나도 그림책 작가〉 94
6. 내 마음속 한 문장 〈오디오북 만들기〉 99

4장 | 토론 교육

1. 생각을 모아요 〈브레인스토밍 토론〉　104
2. 이미지로 말해요 〈포토스탠딩 토론〉　108
3. 함께 고민해요 〈롤링페이퍼 토론〉　113
4. 정답을 맞혀요 〈만장일치 토론〉　118
5. 장단점을 살펴요 〈PMI 토론〉　123
6. 생각을 정교화해요 〈신호등 토론〉　128

5장 | 교과 수업

1. [국어] 시의 재미를 느껴요 〈즐거운 시 짓기〉　136
2. [역사] 재밌는 역사수업① 〈나는야 문화재 박사〉　139
3. [역사] 재밌는 역사수업② 〈고종 비밀 탈출 작전〉　144
4. [사회] 좌표를 찍어요 〈신나는 지도 수업〉　149
5. [과학] 내가 최초 발견자 〈나만의 지층 이름 짓기〉　154
6. [도덕] 우리는 모두 소중해 〈인권 수업〉　158
7. [미술] 익숙한 물건 낯설게 보기 〈나무집게의 매력을 찾아서〉　162
8. [음악, 실과] 패들렛 활용 수업 아이디어　165

6장 | 그림 놀이

1. 즐거운 속담 퀴즈 〈이 속담은 무엇일까요?〉　170
2. 나를 그려요 〈100억에 팔릴 자화상〉　172
3. 이것은 무엇일까요? 〈초성 그림 놀이〉　175
4. 센스를 발휘해요 〈캐치마인드〉　178
5. 협동해서 그려요 〈그림 끝말잇기〉　180
6. 상상해서 말해요 〈뒤죽박죽 그림 이야기〉　182

부록 패들렛 Q&A　184

1

패들렛을 수업과 학급 경영에 잘 활용하기 위해서는 먼저 기능을 제대로 이해해야 합니다. 선생님이 패들렛의 기능에 익숙해져야 학생들 역시 안정감을 갖고 활동할 수 있습니다. 회원가입 방법부터 패들렛 만들기, 게시물 올리기까지 패들렛 활용법 'A to Z'를 지금 소개합니다.

패들렛 기초학습

패들렛을 시작합니다

1. 구글 아이디로 패들렛 가입하기

패들렛은 익스플로러 브라우저를 제외하고 모두 원활하게 돌아갑니다. 그중에서도 구글의 크롬 브라우저를 쓰는 것이 가장 안정적이기 때문에 이 책에서는 크롬을 기반으로 설명하겠습니다. 구글 아이디만 있다면 패들렛에 가입하는 방법은 매우 간단합니다. 우선 검색창에 '패들렛'이라고 검색합니다. 'Padlet, 전 세계에서 가장 쉬운 창작 및 공동작업 도구'라는 링크를 클릭하면 패들렛에 접속하게 됩니다. 또는 주소창에 'ko.padlet.com'을 바로 입력해도 좋습니다.

패들렛 메인화면
패들렛의 메인화면에서 '가입하기'를 클릭합니다. 이미 회원가입이 되어 있다면 '로그인'을 누르면 됩니다.

구글 아이디 선택

'다음 계정으로 가입: Google'을 클릭 후, 가장 잘 쓰는 아이디를 선택하고 로그인합니다.

요금제 선택

요금제를 선택합니다. 첫 가입부터 유료 버전을 쓸 필요는 없으니 Basic(무료)을 선택합니다.

2. 패들렛, 유료로 써야 할까?

패들렛에 가입하면 보이는 첫 화면입니다. 처음 쓰는 것이라면 아무것도 없는 텅 빈 화면이 보이고, 한두 번 썼다면 예전에 만들어 놓은 패들렛들이 보이게 됩니다.

유료 버전과 무료 버전의 차이점

패들렛의 요금제는 총 세 가지가 있습니다. Basic(무료) 버전, 달마다 1만 원씩 자동 결제되는 Pro(월 요금제) 버전, 1년에 9만 6,000원을 일시불로 결제하는 Pro(연간 요금제) 버전입니다. 월 요금제에 비해 연간 요금제가 20% 정도 더 저렴한 편입니다. 다만, 일시불로 결제해야 한다는 부담이 있지요. 유료 요금제는 언제든지 취소 가능하고 3개월 구독 중지를 요청할 수도 있습니다. 그렇다면 유료 버전과 무료 버전의 차이점은 무엇일까요? 우선 간단히 표로 정리해 보겠습니다.

기능	무료	유료
만들 수 있는 패들렛의 개수	3개(최대 5개)	무제한
폴더 구분 기능	X	O
파일 업로드 용량	10MB	250MB
도메인 매핑	X	O

① 만들 수 있는 패들렛의 개수

무료와 유료의 가장 큰 차이점은 만들 수 있는 패들렛의 개수입니다. 무료 버전은 공식적으로 3개의 패들렛밖에 만들 수 없는 반면, 유료 버전은 만들고 싶은 만큼 무제한으로 만들 수 있습니다. 그래서 무료 버전의 경우 만들어 놓은 패들렛 개수가 3개 이상이 되면 새로운 패들렛을 만들기 위해 기존의 패들렛을 삭제해야 하는 번거로움이 있지요. 하지만 불행 중 다행이랄까요. 무료 버전에서도 사용 가능한 패들렛 개수를 늘리는 방법이 하나 있습니다. 바로 '교사 인증'입니다. 교사 인증은 다음과 같은 절차를 따릅니다.

계정 – 설정 클릭
대시보드 오른쪽 위에 '계정' 버튼이 있습니다. 계정을 선택하고 맨 마지막 톱니바퀴 모양의 '설정'을 클릭합니다. 그러면 선생님의 기본 정보가 담긴 화면이 나타납니다.

교사 인증 선택 – 업데이트
기본정보 화면 맨 아래를 보면 '교사이신가요?'를 묻는 칸이 있습니다. 노랗게 체크하고 업데이트를 클릭하세요. 클릭만 하면 교사 인증이 마무리됩니다.

이렇게 교사 인증을 하면 무료 버전에서 사용할 수 있는 패들렛의 개수가 3개에서 5개로 늘어납니다. 고작 2개가 늘어났을 뿐이지만 사용하다 보면 3개와 5개는 천지 차이라는 걸 느끼게 됩니다. 그러니 반드시 교사 인증을 해서 5개로 늘려 놓는 것을 추천합니다.

설정 창에서 이것도 꼭!

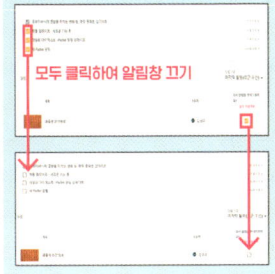

'설정' 창에서 한 가지 더 알아두어야 할 것이 있습니다. 바로 '커뮤니케이션'입니다. 패들렛을 만들고 난 뒤, 커뮤니케이션에 들어가면 만든 패들렛 목록이 보입니다. 그 옆에 네모 칸을 보면 노랗게 체크가 되어 있는 걸 확인할 수 있습니다. 이렇게 체크가 되어 있으면 해당 패들렛에 글이 올라오거나 댓글이 달릴 때마다 '띵동' 하면서 알림이 뜨게 됩니다. 그런데 학급 학생들이 글을 올릴 때마다 알림창이 뜬다고 생각해 보세요. 생각만 해도 정신없으시죠? 그래서 이 노란색 체크는 반드시 해제해 주어야 합니다. '모두 구독 취소'를 눌러 해제해 주세요. 이 체크는 패들렛을 만들 때마다 기본으로 설정되기 때문에 번거롭더라도 항상 해제 처리를 해야 합니다.

② 폴더 기능

폴더 기능이란, 윈도우에서 폴더를 만들고 관련 파일을 정리하는 것과 같이 패들렛들을 하나의 폴더에 묶을 수 있는 기능입니다. 예를 들어 국어 수업에 활용한 패들렛들은 국어 폴더를 만들어 그 안에 넣어놓을 수 있습니다. 폴더는 다음과 같이 만들어 정리합니다.

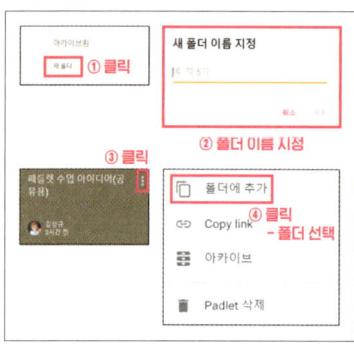

폴더 만들기
'새 폴더'를 클릭하고 폴더 이름을 지정합니다.
파일 오른쪽 상단의 더보기 버튼을 누른 후 '폴더에 추가'를 클릭하고 폴더를 선택합니다.

그런데 무료 버전에는 이 폴더 기능이 빠져 있습니다. 최대 5개의 패들렛 밖에 만들 수 없어서 사실상 폴더 기능이 불필요합니다. 무료 버전에서 쓸 수 있는 폴더는 기본 폴더인 '만든 콘텐츠' '좋아요' '공유됨'뿐입니다.

③ 파일 업로드 용량

무료 버전과 유료 버전은 한 번에 업로드할 수 있는 파일 용량에서도 차이가 납니다. 무료는 10MB 정도인 반면, 유료는 250MB까지 업로드가 가능하지요. 유료를 쓴다면 영상 파일이 들어간 PPT도 무리 없이 업로드할 수 있을 정도입니다.

무료 버전에서 10MB 이상의 파일을 공유하고 싶다면 구글 드라이브 링크를 게시물에 적어두세요. 용량 제한과 관계없이 원하는 파일을 마음껏 주고받을 수 있습니다.

여러모로 무료보다 유료가 더 편리한 것은 부정할 수 없는 사실입니다. 그렇다면 패들렛은 꼭 유료로 써야 할까요? 제 대답은 '아니오'입니다. 학생들의 의견을 모으고 연결하는 용도로 패들렛을 활용하고자 한다면 무료 버전도 부족하지 않습니다. 무료만으로도 수업과 학급 경영에 다양하게 적용할 수 있으니 5개의 패들렛 안에서 충분히 활용해 보고 유료 버전을 고민해 보세요. 나중에 결제해도 늦지 않습니다.

3. 내 수업에 꼭 맞는 패들렛 만들기

이제 본격적으로 패들렛을 만들어 보겠습니다.

'+Padlet 만들기' 클릭
왼쪽 상단의 '+Padlet 만들기'를 클릭합니다.

템플릿 선택
패들렛이 바로 만들어지지는 않습니다. 앞서 말한 것처럼 패들렛은 하나의 큰 온라인 칠판입니다. 일반 칠판을 쓸 때 판서 계획을 하는 것처럼 패들렛 역시 판서 계획 역할을 하는 8가지 템플릿이 있습니다. 선생님의 수업에 맞게 그중 하나를 선택해야 합니다.

템플릿의 특징을 간단히 살펴보면 다음과 같습니다.

담벼락	학생들의 게시물을 벽돌 모양으로 쌓습니다. 마치 테트리스 게임처럼 빈틈없이 쌓는 형식이라고 생각하면 좋습니다.
캔버스	가장 자유로운 템플릿입니다. 학생들의 게시물을 자유자재로 옮기거나 겹칠 수 있고, 연결하기 기능을 활용해 연결할 수도 있습니다.
스트림	위에서 아래로 게시물을 하나씩 연결해 쭉 읽어나갈 수 있도록 배치합니다. 페이스북이나 인스타그램과 같은 형식입니다.
그리드	게시물을 책장처럼 가로로 정렬해 줍니다. 가로에 4~5개를 알맞게 배열하고 아래로 내려서 또 배열하는 형식입니다.
셸프(선반)	게시물을 선반처럼 세로로 정렬해 줍니다. 컬럼 기능이 있어 관련 있는 주제들을 하나의 컬럼에 쌓아 배치할 수 있습니다. 수업과 학급 경영에서 가장 많이 활용되는 템플릿입니다.
지도	구글맵을 기반으로 한 지도 형식입니다. 원하는 곳에 좌표를 찍고, 콘텐츠를 입력할 수 있습니다.
타임라인	가로선을 따라서 게시물을 배치합니다. 역사 연표와 같이 순차적으로 일어나는 무엇인가를 제시할 때에 활용합니다.

선생님의 수업에 맞는 템플릿을 하나 선택했다면 아래와 같은 화면이 나타납니다.

클릭 두 번에 패들렛이 만들어졌습니다. 참 쉽죠? 하지만 중요한 것은 이 패들렛을 선생님의 수업에 맞게 바꿔야 한다는 사실입니다. 이제 패들렛을 수정해 보겠습니다.

수정창 클릭

패들렛 오른쪽 위를 보면 톱니바퀴 모양의 아이콘이 있습니다. 이 아이콘을 클릭하면 패들렛을 수정할 수 있는 '수정창'이 열립니다.

수정창에는 바꿔야 할 여러 가지 내용이 있습니다. 수정창의 내용은 템플릿마다 약간의 차이가 있습니다. 여기에서는 공통적으로 들어가는 내용을 중심으로 살펴보겠습니다.

기본 설정

* 학생들과 패들렛을 처음 연습할 때, 반드시 제목과 설명을 먼저 보고 수업에 임할 수 있게 독려합니다. 제목의 '수업 내용'과 설명의 '수업 활동'을 미리 확인하고 활동을 하면 학생들이 보다 안정적으로 수업에 임하게 됩니다.

제목

오늘 공부할 수업 제목 또는 내용을 씁니다. 예를 들어 '고조선의 문화 범위'를 배우는 시간이라면 '고조선의 문화 범위'라고 씁니다. 수정창의 제목을 바꾸면 패들렛의 제목이 실시간으로 바뀌는 것을 확인할 수 있습니다.

설명

오늘 공부할 내용을 어떤 활동으로 진행할 것인지 씁니다. 만약 영상을 보고 댓글을 다는 수업이라면 '영상을 보고, 댓글을 답니다'라고 쓰면 됩니다. 이외에 패들렛에서 지켜야 할 주의사항들을 언급하면 좋습니다.

아이콘

아이콘을 클릭하면 다양한 이모지들이 등장합니다. 마음에 드는 이모지를 하나 선택해 보세요. 제목 옆에 이모지가 들어가면 좀 더 따뜻하고 부드러운 느낌을 줍니다. 다만, 아이콘은 수업을 진행하는 데 큰 영향을 끼치는 기능이 아닌 만큼 시간 여유가 있을 때 사용하면 됩니다.

주소

패들렛을 만들 때 자동으로 배정됩니다. 이 주소가 마음에 안 든다면 원하는 문자 및 숫자로 간단하게 바꿀 수 있습니다.

비주얼-배경화면

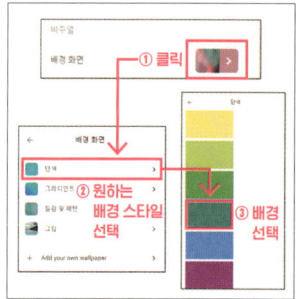

배경화면
배경화면은 패들렛을 만들 때 랜덤으로 배정이 됩니다. 웬만하면 수업에 맞는 배경으로 바꿔 주는 것이 좋습니다. 배경화면을 클릭합니다.

배경화면 종류 선택
배경화면의 종류는 다양합니다. 단색, 그라디언트(그라데이션), 질감 및 패턴, 그림 등 100여 가지의 배경화면이 나열되어 있으니 수업에 어울리거나 마음에 드는 것을 선택합니다. 이 중 '단색-청록색'은 오프라인 칠판을 보는 것 같은 편안한 느낌을 줍니다.

Add your own wallpaper 클릭 – 이미지 검색
내 수업에 꼭 맞는 배경화면을 찾기 어렵다면 'Add your own wallpaper'를 클릭합니다. 'Add your own wallpaper'에서 가장 많이 활용하는 것은 '이미지 검색'과 '업로드'입니다. '이미지 검색'을 통해 누군가가 공개해 놓은 패들렛 배경화면을 가져올 수 있고, '업로드'를 통해 내가 가지고 있는 배경화면 사진을 사용할 수도 있습니다.

* 이미지 검색 시 영어로 입력하면 더 많은 결과물을 찾을 수 있습니다.
* 패들렛 배경화면의 적정 사이즈는 '1920x1080' 정도입니다.

비주얼-색상, 글꼴

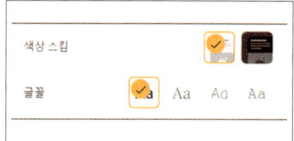

색상, 글꼴
색상과 글꼴은 기본 설정이 가장 무난하기 때문에 변경하지 않는 것을 권장합니다.

게시 관련

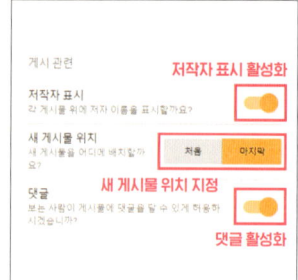

저작자 표시
저작자 표시를 활성화하면 게시물을 어떤 사람이 올렸는지 확인할 수 있습니다. 단, 구글이나 패들렛 아이디로 로그인을 한 경우에만 확인이 가능합니다. 학생들 대부분은 로그인을 하지 않고 접속하기 때문에 자주 활용하는 기능은 아닙니다.

새 게시물 위치
학생들이 올리는 새 게시물의 위치를 결정합니다. 새 게시물이 맨 앞이나 위로 쌓이게 하고 싶다면 '처음'을, 맨 마지막이

나 아래로 쌓이게 하고 싶다면 '마지막'을 선택합니다. 템플릿에 따라 기능이 없을 수 있습니다.

댓글
학생들이 다른 친구들의 글을 읽고 댓글을 달아야 하는 수업이라면 활성화합니다.

반응
- **좋아요** | 학생들이 다른 친구들의 글에 '좋아요'를 누르는 수업이라면 선택합니다.
- **투표** | 투표는 찬성과 반대를 간단하게 표시할 수 있는 기능입니다. 학급 안건, 토론 수업 등에 활용합니다.
- **별점** | 별점은 5점 만점 중 자신이 생각하는 점수를 줄 수 있는 기능입니다. 자기평가와 동료평가를 할 때 활용하면 평균 별점이 나오게 됩니다.
- **등급** | 등급은 점수를 주는 기능입니다. 만점(최대 점수)을 설정하고 그 안에서 점수를 줍니다. 패들렛으로 쪽지시험을 볼 때 유용하게 활용할 수 있습니다.

콘텐츠 필터링

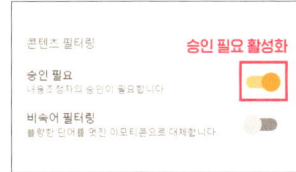

* 학생이 등록한 게시물을 '승인'해 주어도 상대방에게 실시간으로 바로 보이지 않습니다. 승인된 게시물은 새로고침을 눌러 볼 수 있게 안내해 주세요.

승인 필요
일반적으로 패들렛에 게시물을 올리면 실시간으로 상대방이 게시물을 확인할 수 있습니다. 하지만 '승인 필요'를 활성화하면 이야기가 달라집니다. 패들렛 호스트의 승인이 있어야만 게시물을 등록할 수 있거든요. 학생들과 패들렛을 처음 사용할 때는 반드시 '승인 필요'를 활성화해 놓으세요. 수업 분위기를 흐리는 여러 가지 돌발 상황을 미연에 방지할 수 있어서 좀 더 안정적인 수업 운영이 가능합니다.

비속어 필터링
안타깝게도 한국어로 된 욕은 전혀 걸러주지 못합니다. 영어 욕만 걸러주기 때문에 유명무실한 기능입니다.

모든 수정을 끝냈다면 '저장'을 클릭합니다. 이렇게 하면 선생님의 수업에 딱 맞는 패들렛이 완성됩니다.

4. 학생들 초대하고 게시물 올리기

패들렛을 만들었으니 이제 학생들에게 공유를 할 차례입니다. 오른쪽 위 톱니바퀴(수정창) 옆의 '공유'를 클릭합니다. 공유창의 여러 메뉴 중 가장 중요한 것은 역시 '공유' 부분입니다. 이 중에서 가장 많이 쓰는 두 가지 기능을 자세히 설명하겠습니다.

공유

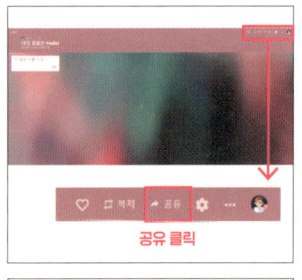

클립보드로 링크 복사
'클립보드로 링크 복사'를 클릭하면 원격 수업 채팅방, e학습터, 학급 SNS 등 어디든지 붙여 넣기를 해서 패들렛을 공유할 수 있습니다. 학생들은 링크만 누르면 바로 패들렛에 접속 가능합니다.

QR 코드로 링크 복사
패들렛은 온라인뿐 아니라 등교 수업에서도 굉장히 유용한 도구입니다. 등교 수업에서 패들렛을 활용할 때는 QR 코드로 링크를 공유하면 좋습니다. QR 코드를 TV 화면에 띄워 놓고 태블릿 PC나 스마트폰 카메라앱을 갖다 대면 링크가 바로 뜨기 때문에 접속하기가 굉장히 수월합니다.

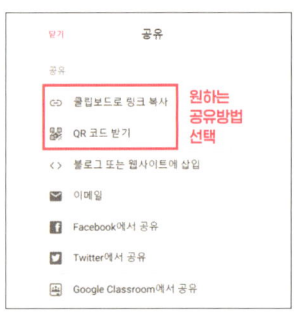

이 외에 페이스북 공유하기, 트위터 공유하기, 구글 클래스룸 공유하기 등은 상황에 따라 활용할 수 있습니다.

내보내기

내보내기는 패들렛의 결과물을 다양한 형태로 저장해 주는 기능입니다. 무료 버전을 사용하는 경우, 기존 패들렛을 삭제해야 할 때 내보내기로 결과물을 미리 저장해 놓으면 좋습니다. 가장 많이 쓰는 내보내기의 종류는 다음과 같습니다.

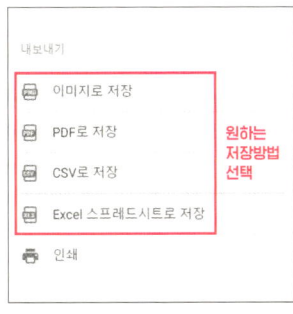

이미지로 저장
패들렛의 결과물을 보이는 그대로의 이미지로 저장합니다. 화질도 매우 훌륭한 편이라서 생동감 있게 저장할 수 있습니다. 다만, 화면 그대로를 저장하기 때문에 일부 템플릿에서는 게시물이나 댓글을 저장할 수 없다는 단점이 있습니다.

PDF로 저장
패들렛의 결과물을 PDF로 저장합니다. 학생의 게시물과 이미지, 댓글까지 보기 좋게 정리할 수 있습니다.

엑셀로 저장
패들렛의 결과물을 엑셀 스프레드시트로 저장합니다. 제목과 내용, 기록한 시간 등을 볼 수 있습니다. 이미지와 댓글은 저장되지 않습니다.

일반적으로 공유창에서는 '공유'와 '내보내기'를 주로 사용합니다. 하지만 경우에 따라 '회원 추가'와 '프라이버시'를 수정할 때도 있습니다.

회원 추가

회원 추가는 무료 버전을 사용할 때 상당히 유용한 기능입니다. 앞서 살펴본 것처럼 패들렛은 구글 아이디 1개당 무료로 최대 5개를 쓸 수 있습니다. 그렇다면 구글 아이디 5개를 더 만들면 어떻게 될까요? 25개의 패들렛을 무료로 더 사용할 수 있겠지요. 다만, 번거로운 것은 패들렛을 사용할 때마다 구글 로그인도 변경해야 한다는 것입니다. 이러한 번거로움을 해결해 주는 것이 바로 '회원 추가' 기능입니다.

먼저 새로운 구글 아이디를 생성한 후, 패들렛을 새로 만듭니다.

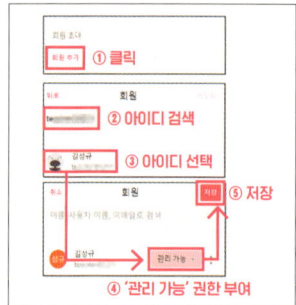

회원 추가
'회원 추가'를 클릭합니다.

아이디 검색
선생님이 가장 잘 사용하는 구글 아이디를 검색합니다. 검색 즉시, 맨 위에 선생님의 아이디가 보이게 됩니다.

아이디 선택
가장 잘 사용하는 구글 아이디를 선택합니다.

권한 부여
선택한 구글 아이디에 '관리 가능'까지 권한을 부여합니다. 관리 가능 권한은 이 패들렛의 편집부터 삭제까지 모든 권한을 가져가는 것을 뜻합니다.

저장
저장을 누릅니다. 이제부터 따로 로그인을 바꾸지 않아도 가장 잘 사용하는 구글 아이디에서 새로 만든 패들렛을 모두 관리할 수 있습니다. '공유됨' 폴더에서 확인 가능합니다.

    이렇게 패들렛을 새로 만들 때마다 가장 잘 쓰는 구글 아이디를 회원 추가해 놓으면 구글 로그인 변경 없이 한 아이디에서 관리할 수 있습니다.

프라이버시

    프라이버시는 패들렛 방문자의 범위와 권한을 정해주는 기능입니다. 하나씩 자세히 살펴보겠습니다. 먼저 '프라이버시 변경'입니다.

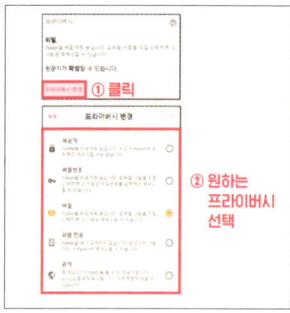

프라이버시 변경
- **비공개** | 호스트를 제외한 그 누구도 해당 패들렛에 들어올 수 없습니다.
- **비밀번호** | 비밀번호를 알고 있는 사람만 해당 패들렛에 접속할 수 있습니다.
- **비밀** | 링크를 알고 있는 사람만 접속할 수 있습니다.
- **회원 전용** | 패들렛에 로그인을 한 사람만 접속할 수 있습니다.
- **공개** | 검색을 통해 누구든지 접속할 수 있습니다.

학생들과 수업을 할 때는 일반적으로 '비밀'을 사용합니다. 패들렛을 만들면 '비밀'로 기본 세팅이 되기 때문에 일부러 변경할 필요가 없습니다. 수업이 끝난 후, 패들렛에 학생들이 접속하는 것을 막고 싶은 경우에는 '비공개'로 돌려놓으면 됩니다.

이어서 방문자 권한도 살펴보겠습니다. 방문자 권한은 패들렛에 접속한 학생들이 어디까지 활동할 수 있는지를 결정해 주는 기능입니다.

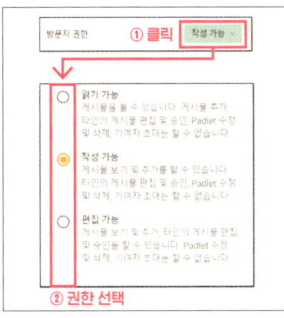

방문자 권한
- **읽기 가능** | 말 그대로 '읽기'만 가능한 상태입니다. 학생들이 글을 쓸 수 없고, 선생님이 올려놓은 글을 읽을 수만 있습니다. 학급 안내문 모음이나 알림장 용도로 패들렛을 활용할 때 유용합니다. 단, 패들렛 설정에 따라 '댓글'과 반응('좋아요' 등)은 달 수 있습니다.
- **작성 가능** | 방문자가 패들렛에 접속하여 글을 쓸 수 있습니다. 학생들은 자신의 게시물을 올릴 수 있고, 패들렛 설정에 따라 댓글과 반응도 남길 수 있습니다. 수업에 가장 많이 활용하는 기본 설정입니다.
- **편집 가능** | 방문자가 게시물을 쓸 수 있을 뿐 아니라, 상대방의 게시물까지 편집할 수 있습니다. 패들렛으로 모둠 활동을 할 때나 서로의 게시물을 수정 보완하며 공동의 결과물을 만들어야 할 때 활용합니다.

이것으로 공유창에 대한 모든 설명을 마쳤습니다. 모든 기능을 살펴봐야 했기에 구구절절하게 설명했습니다만 실제 수업 운영은 매우 간단합니다. '클립보드로 링크 복사'를 누르고 학생들에게 링크 공유만 하면 끝이거든요. 자, 이제 글을 올리는 방법을 살펴볼까요?

게시물 올리기

패들렛에 게시물을 올리는 방법은 매우 간단합니다.

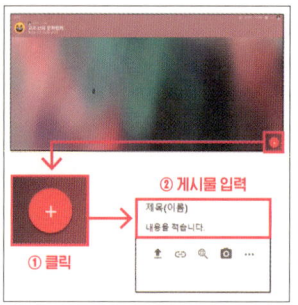

+ 클릭
화면 오른쪽 아래 '+' 버튼을 클릭하면 게시물 작성칸이 화면에 생깁니다.

* 템플릿에 따라 '+' 버튼이 오른쪽 위에 있을 수도 있습니다.

게시물 작성
제목과 내용을 씁니다. 일반적으로 제목에는 학생 이름을 쓰게 합니다. 내용에는 수업과 관련된 내용을 쓰면 됩니다.

게시물을 작성할 때 파일 첨부, 링크 공유, 이미지 검색 등 패들렛의 다양한 기능들을 활용할 수 있습니다.

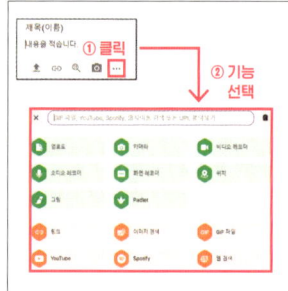

업로드
가지고 있는 파일을 업로드할 수 있습니다. 무료 버전은 10MB, 유료 버전은 250MB까지 가능합니다.

링크
링크를 공유할 수 있습니다. 클릭 후, 링크 주소를 입력하면 자동으로 썸네일이 만들어집니다.

구글
구글 검색 기능을 활용할 수 있습니다. 이미지, 비디오(유튜브), GIF, 웹페이지 등을 검색할 수 있고 클릭만 하면 바로 게시물에 삽입됩니다.

카메라
패들렛에서 바로 사진을 찍어 올릴 수 있습니다. 카메라 허용을 허락해 주면 바로 활용 가능합니다.

그 외
- **비디오 레코더** | 카메라를 활용해 최대 5분까지 녹화할 수 있습니다.
- **오디오 레코더** | 최대 15분까지 음성 녹음을 할 수 있습니다.
- **화면 레코더** | 컴퓨터 화면을 5분 동안 녹화합니다.

- **위치** | 구글맵을 활용해 장소를 검색하고 위성 사진, 도로 모양 등을 올릴 수 있습니다.
- **그림** | 그림판을 활용해 그리기를 할 수 있습니다.
- **패들렛** | 내가 만든 다른 패들렛과 연결할 수 있습니다. 패들렛을 연결하면 자동으로 썸네일이 만들어지고, 썸네일 클릭 시 다른 패들렛으로 접속합니다.

게시물을 작성하고 난 뒤, 내용 형식을 편집할 수 있습니다.

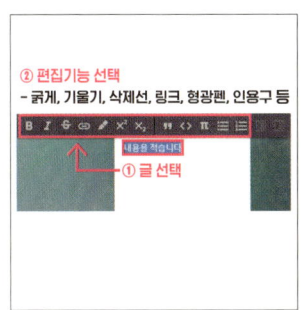

내용 형식 편집
편집하고 싶은 내용을 마우스로 선택하면 검은색 편집툴이 생깁니다. 편집툴을 활용해 글씨를 굵게 하거나 기울일 수 있고, 형광펜을 칠할 수도 있습니다. 인용구, 글머리표, 문단 번호 등을 집어넣어 내용을 가독성 있게 편집할 수 있습니다.

* 스마트폰과 태블릿 PC에서도 동일하게 활용 가능합니다. 대신 컴퓨터처럼 검은 창이 따로 뜨지 않고, 자판 위나 주소창 아래에 메뉴 형식의 편집툴이 제시됩니다.
* 형광펜의 색깔은 따로 지정할 수 없습니다. 연두색 한 가지입니다.

내용을 다 쓰고 게시물의 바깥 영역을 클릭하면 게시물이 자동으로 등록됩니다. 스마트폰과 태블릿 PC는 저장 버튼을 누르면 등록할 수 있습니다. 게시물을 등록한 뒤에 할 수 있는 작업들도 함께 소개합니다.

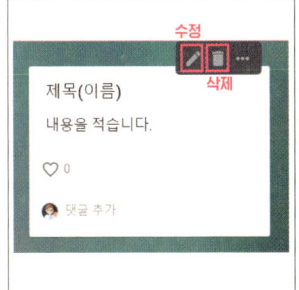

수정
게시물을 수정하고 싶다면 게시물 위에 마우스를 올려 보세요. 펜 모양으로 생긴 아이콘이 보입니다. 펜 모양 아이콘을 클릭하면 게시물을 수정할 수 있습니다.

삭제
게시물을 삭제하고 싶다면 게시물 위에 마우스를 올려 휴지통 모양 아이콘을 클릭합니다.

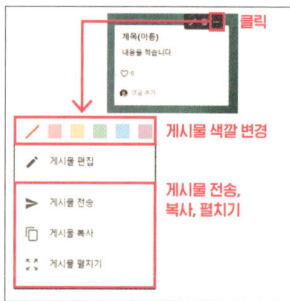

* 복사와 전송의 차이: 복사를 하면 원 게시물이 해당 패들렛에 그대로 남아 있는 반면, 전송을 하면 원 게시물이 다른 패들렛으로 완전히 이동합니다.

편집

게시물의 색깔을 변경하거나, 복사 및 전송 등의 기능을 활용하고 싶다면 게시물 위에 마우스를 올려 점 세 개 모양의 아이콘을 클릭합니다. 편집 기능의 종류는 다음과 같습니다.

- **색깔 바꾸기** | 등록한 게시물의 색깔을 바꿀 수 있습니다. 게시물의 색깔은 총 5가지입니다.
- **게시물 전송** | 게시물을 다른 패들렛으로 이동시킬 수 있습니다. '게시물 전송' 클릭 후, 이동하고자 하는 패들렛을 선택하면 됩니다.
- **게시물 복사** | 게시물을 복사해서 붙여 넣을 수 있습니다. 같은 패들렛에 복사하려면 'copy to this padlet itself'를, 다른 패들렛에 복사하려면 복사하고자 하는 패들렛 목록 중 하나를 선택하면 됩니다.
- **게시물 펼치기** | 게시물을 크게 펼칩니다. 내용을 조금 더 자세히 들여다볼 때 활용합니다. 이미지나 영상 등은 확대해서 볼 수 있으나 글씨가 확대되지는 않습니다.

지금까지 패들렛의 기본적인 기능들을 쭉 살펴보았습니다. 조금 감이 잡히시나요? 모든 기능을 다 섭렵하지 않아도 괜찮습니다. 하나씩 실천하다 보면 자연스럽게 터득할 수 있을 만큼 쉬운 플랫폼이니까요. 이제는 본격적으로 패들렛을 활용한 다양한 수업 및 학급 경영 사례를 살펴보겠습니다.

더 보기 +

띵커벨 보드와 퀴잰보드

국내에도 패들렛과 비슷한 형태의 온라인 도구가 있습니다. 대표적인 것이 아이스크림(i-scream.co.kr)의 '띵커벨 보드'와 퀴즈앤(quizn.show)의 '퀴잰보드'입니다. 특히 국내 기업이 운영하고 있어 피드백과 업데이트가 굉장히 빠른 상황이라 앞으로의 발전이 더욱 기대됩니다. 다양한 도구들을 활용해 선생님의 수업을 보다 풍성하게 가꿔가셨으면 좋겠습니다.

① 띵커벨 보드

초등교사들이 주로 사용하는 아이스크림의 '띵커벨 보드'는 타일형과 그룹형의 템플릿을 지원합니다. 타일형은 패들렛의 담벼락과 비슷하고, 그룹형은 셀프(선반)와 비슷합니다. 배경화면을 자유롭게 바꿀 수 있을 뿐 아니라 댓글과 반응 역시 허용할 수 있어서 패들렛처럼 실시간으로 학생들이 의견을 주고받을 수 있습니다.

좋은 점	• 아이스크림 유료회원의 경우 자유롭게 활용 가능합니다. • 한 페이지에서 여러 개의 띵커벨 보드를 설정할 수 있습니다. • 띵커벨 퀴즈와 연동하여 활용할 수 있습니다
아쉬운 점	• 적용할 수 있는 템플릿이 제한적입니다. • 구글과 연동되어 있지 않아서 이미지 및 유튜브 등을 바로 업로드할 수 없습니다.

② 퀴즈앤 보드

퀴즈앤의 '퀴잰보드'는 띵커벨과 동일하게 담벼락, 그룹(셀프) 템플릿을 지원합니다. 여기에 퀴잰보드의 독특한 템플릿인 '방탈출' 형식도 활용할 수 있습니다. 글쓰기, 댓글 및 반응 등도 허용하고 있어서 실시간 의사소통이 가능한 형태입니다.

좋은 점	• 퀴즈앤의 퀴즈와 연동할 수 있고, 그리기 기능 또한 추가되어 보다 다양한 기능을 활용할 수 있습니다. • 유튜브 영상의 링크를 탑재하고, 재생 구간을 설정할 수 있습니다. • 한 페이지에서 여러 개의 보드를 설정할 수 있습니다. • 방탈출 템플릿을 활용해 어렵지 않게 방탈출 퀴즈를 만들 수 있습니다.
아쉬운 점	• 유료 버전(월 9,900원)을 활용해야 쾌적하게 적용할 수 있습니다. • 띵커벨 보드와 마찬가지로 적용할 수 있는 템플릿이 제한적이고, 구글과 연동되어 있지 않습니다.

2

등교 수업과 원격 수업이 혼란스럽게 전개되면서 가장 어려웠던 것은 누가 뭐래도 학급 경영이었습니다. 안정적인 학급 분위기를 만들려면 원활한 소통과 꾸준한 연습이 필요한데 제대로 이뤄질 수 없었기 때문이지요. 이러한 어려움을 덜어내고자 활용한 도구가 바로 패들렛입니다. 패들렛은 학생들의 소통을 강화하고 이를 바탕으로 단단한 유대를 만들어 내는 데 탁월한 장점이 있습니다. 학급 경영의 필수 조건인 '학급 가이드라인 만들기'부터 원격 수업에 꼭 맞는 '패들렛 쪽지시험'까지, 모든 학급에 적용 가능한, 패들렛 활용 학급 경영 사례를 소개합니다.

학급 경영

우리가 만들어요
〈학급 가이드라인〉

수업 형태: 등교 수업, 온라인 수업
템플릿 형식: 셀프

　3월 첫 주는 학급 경영에 있어 '황금의 주'라고 할 정도로 가장 중요한 시기입니다. 이때 결정한 많은 것들이 1년 내내 학급 구석구석에 영향을 미치기 때문이지요. '학급 가이드라인'을 3월 첫 주에 정하는 이유도 바로 여기에 있습니다. 학급 경영의 터 닦기 중 가장 필수적인 활동인 학급 가이드라인 만들기를 패들렛으로 진행해 볼까요?

'학급 가이드라인'은 학급긍정훈육법(PDC)에서 유래된 용어로서, 학생들의 동의와 자발적 참여로 만들어진 학급규칙을 뜻합니다. 이 활동은 〈학급긍정훈육법〉의 '기본편' 및 '활동편'(에듀니티)을 참고하여 진행했습니다.

패들렛 설정하기

학급 가이드라인에 활용할 패들렛 템플릿은 '셀프(선반)'입니다. 각각의 주제에 대해 학급 전체의 의견을 정돈된 형태로 모아서 살펴볼 때 적합한 형식이죠. '댓글'과 '좋아요'는 굳이 활성화하지 않아도 됩니다.

● **우리가 원하는 우리 반**

　학급 가이드라인의 출발점은 공통된 비전 세우기입니다. 패들렛에 컬럼 하나를 추가합니다. 컬럼 제목에 '우리가 원하는 우리 반'이라고 쓴 뒤, 학생들의 의견을 묻습니다.

"여러분, 1년 동안 여러분들이 꿈꾸는 우리 반은 어떤 반인가요? 곰곰이 잘 생각한 뒤, 패들렛에 남겨봅시다."

선생님이 별말을 하지 않아도 학생들은 다양한 의견을 쏟아냅니다. 의견을 쓸 때는 반드시 제목에 본인의 이름을 쓰도록 교육합니다. 자신의 이름을 건 의견은 그 의견에 책임을 진다는 의미이기도 합니다. 1년 동안 자신이 생활해야 하는 공간을 만드는 과정이기에 분위기는 자못 진지합니다. 아래는 학생들이 원하는 우리 반의 모습들입니다.

- 서로 싸우지 않고 즐겁게 지내는 반
- 할 땐 하고 놀 땐 노는 반
- 많이 놀고 웃는 반
- 질서를 잘 지키고 안전한 반

학생들의 의견을 바탕으로 우리 반이 반드시 지켜나가야 하는 소중한 가치를 세 가지 정도 뽑습니다. 존중, 협력, 책임, 안전, 배려 같은 것들이지요. 이 가치들은 학급 가이드라인을 함께 정할 때 기준점 역할을 합니다.

● 이렇게 말하고, 행동해요

세 가지 가치를 정했다면 컬럼을 추가해 각각의 가치를 적습니다. 예를 들어 존중, 협력, 책임을 정했다면 각각의 컬럼 제목이 존중, 협력, 책임이 되는 식입니다. 그런 다음 학급을 세 모둠으로 나눕니다. 온라인 수업일 경우 세 개의 소회의실을 활용하면 됩니다. 각각의 모둠은 존중, 협력, 책임 모둠이 되어 다음과 같은 토의 절차를 거칩니다.

① 토의할 학급 가치가 무엇인지 확인하고 이 가치가 들어간 학급 목표를 만듭니다. (예: 존중 모둠-서로 존중하는 반, 협력 모둠-함께 협력하는 반 등)
② 이 가치를 실현할 수 있는 말은 무엇이 있는지 토의합니다. (예: 존중 모둠-"고마워", "네 덕분에 할 수 있었어."/ 협력 모둠-"같이 하자!", "내가 도와줄게!" 등)

③ 이 가치를 실현할 수 있는 행동에는 무엇이 있는지 토의합니다. (예: 존중 모둠-"친구를 응원해요", "친구에게 고마움을 표현해요" / 협력 모둠-"서로 도와요", "같이 고민하고 행동해요" 등)
④ 함께 찾은 말과 행동 중 가장 중요하다고 생각하는 것을 3개씩 고릅니다.
⑤ 모둠 토의가 끝났다면 자기 모둠의 컬럼 밑에 토의 결과를 게시합니다. 이때, 제목은 ①에서 정한 학급 목표로 하고, 내용은 ④에서 고른 말과 행동을 3개씩 적습니다. 볼드와 형광펜 기능을 활용해서 가독성이 좋도록 편집합니다.

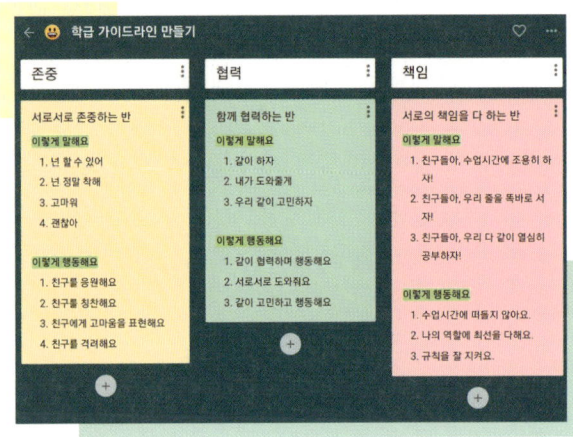

학급 가이드라인 토의 결과

모둠이 올린 게시물을 바탕으로 모둠별 발표 시간을 갖습니다. 왜 이런 목표를 세웠는지, 왜 이런 말과 행동이 중요하다고 생각했는지를 듣는 시간입니다. 친구들은 다른 모둠의 발표를 들으면서 의문이 생기거나 혹은 수정 보완하고 싶은 것들을 이야기할 수 있습니다. 선생님 역시 학급 구성원의 한 사람으로서 의견을 표명할 수 있습니다. 다만, 권위적인 방법으로 개입하지 않도록 주의해야 합니다. 이러한 과정을 통해 학생들은 학급의 가치를 내면화하고, 함께 만든 학급 비전을 더욱 확고히 간직하게 됩니다.

● 동의 거친 가이드라인, 학급에 게시하기

모두가 동의하는 학급 가이드라인이 만들어졌다면 최종적으로 이를 잘 지키겠다는 의미를 담아 서명을 합니다. 컬럼을 추가해서 서명란을 만듭니다. 제목에 본인의 이름을 써서 서명하고, 내용에는 간단한 다짐의 글을 적습니다.

이렇게 완성한 학급 가이드라인은 잘 보이는 곳에 게시하여 수시로 학생들이 확인할 수 있도록 합니다. 패들렛 자체를 이미지 저장한 뒤 분할 인쇄하여 크게 붙여 놓을 수도 있고, 미리캔버스를 활용해서 보기 좋은 형태로 재가공해도 좋습니다. 중요한 것은 학생들의 꾸준한 실천이니 이를 도와줄 수 있는 구성이면 무엇이든 괜찮습니다.

●●●

'학급 가이드라인 만들기' 활동은 1년이 행복한 학급을 만드는 데 가장 기초적이면서도 중요한 활동입니다. 이를 통해 선생님과 학생은 비전을 공유하고, 서로가 원하는 학급이 무엇인지를 파악할 수 있지요. 물론 실천 과정에서는 끊임없이 문제가 발생할 거예요. 하지만 괜찮습니다. 그 속에서 또 우리는 성장하게 될 테니까요. 중요한 것은 흔들림 없이 모두가 함께 만든 학급 가이드라인을 신뢰하고 지켜내려는 모습, 그 자체랍니다.

학생들의 생각을 깨워요
〈아침 글똥누기〉

수업 형태
등교 수업, 온라인 수업

템플릿 형식
셀프

누군가 제게 "아이들을 가르치면서 한 해도 거르지 않고 꾸준히 해 왔던 것이 무엇인가요?"라고 묻는다면 저는 1초의 망설임도 없이 '아침 글똥누기'라고 대답할 겁니다. 글똥누기는 학생들이 칠판에 적힌 주제를 보고, 이에 대한 생각을 두 줄로 적는 간단한 글쓰기 활동입니다. 이영근 선생님의 학급살이 강의를 듣고 더 열심히 한 활동이기도 하지요. 1년 내내 꾸준히 글똥누기를 하다 보면 학생들의 글짓기 실력이 눈에 띄게 향상될 뿐 아니라, 미처 알아차리지 못했던 비밀스런 속사정과 감정들도 세세히 들여다볼 수 있습니다.

하지만 매년 해오던 글똥누기 역시 코로나19 상황에서는 속수무책이었습니다. 등교 수업과 온라인 수업이 혼란스럽게 전개되면서 학생들은 글똥누기 공책을 잃어버리기 일쑤였고, 글짓기 자체에도 도무지 재미를 붙이지 못했습니다. 한 번도 겪어보지 못한 재난 상황에 저 역시 글똥누기를 포기해야 하나 고민이 많았습니다. 그때 문득, 패들렛에 글을 모아 보면 어떨까 하는 생각이 들었습니다. 이리 망하나 저리 망하나 망하는 건 매한가지라면 새롭게 시도라도 해보고 싶었지요.

패들렛 설정하기

글똥누기를 하기 위한 패들렛을 만들었습니다. 템플릿 형태는 '셸프(선반)' 형식으로 결정했습니다. 매일매일 아이들의 글을 차곡차곡 정리하고 깔끔한 형태로 보존하기 위해서였습니다. 템플릿을 정하고 난 뒤에는 수정 창에서 글똥누기에 어울리는 배경화면을 골랐고, '댓글'과 반응('좋아요')도 열어 두었습니다. 학생들이 서로의 글을 읽고 반응을 한다면 글똥누기에 더 큰 재미를 붙일 거라 판단했기 때문이지요.

패들렛 설정을 끝내고, 컬럼을 만들어 날짜와 주제를 적었습니다. 그리고 학생들이 참고할 수 있는 예시글을 미리 올려두었습니다. 선생님의 예시글은 글짓기에 자신 없는 학생들의 부담을 덜어주고, 정확하게 글을 쓸 수 있도록 도와주는 역할을 합니다.

● **모두 함께 글똥누기**

패들렛 설정을 마친 다음, 아이들에게 패들렛 링크를 공유하고 달라진 글똥누기 방식을 설명했습니다.

① 수업 시작 전, 패들렛 링크에 접속해서 선생님이 올려둔 글똥누기 주제를 확인한다.
② 선생님의 예시 글을 잘 살펴보고 주제에 대한 자기 생각을 정성껏 적는다.
③ 이미지나 영상을 추가로 넣어도 좋다.
④ 시간이 있다면 다른 친구의 글을 보고 '좋아요'나 '댓글'로 반응한다.

결과는 놀라웠습니다. 학생들은 이전보다 훨씬 즐겁게, 그리고 자유롭게 자기 생각을 패들렛에 쏟아내기 시작했습니다. 때때로 제 기대를 훌쩍 뛰어넘는 따뜻하고 아름다운 문장을 만들어 내기도 했지요. '글짓기는 반드시 공책에 해야 한다'는 제 오랜 고정관념이 기분 좋게 깨지는 순간이었습니다.

학생들의 글똥누기 결과물

주제	학생들이 쓴 글
코로나19 방역을 위해 힘쓰시는 분들을 위해 한마디!	코로나 때문에 열 일 해주셔서 감사합니다!! 저도 마스크 쓰고 손도씻고 청결하게 행동하여 코로나 예방을 노력하고 있습니다. 항상 감사하고 앞으로도 힘내주세요.
내가 생각하는 세상에서 가장 아름다운 말과 그렇게 생각한 이유	제가 생각하는 세상에서 가장 아름다운 말은 '사랑해'가 아닐까 싶습니다. 가족뿐 아니라 반려동물에게도 '사랑해'라고 말하면 모두 기분이 좋아집니다. '사랑해'라고 말하는 게 너는 나에게 소중하다고 말하는 거랑 같기 때문에 '사랑해'가 세상에서 가장 아름다운 말이라고 생각합니다.

● ● ●

패들렛으로 글똥누기를 실천하면서 저는 다음과 같은 세 가지 장점을 발견하게 됐습니다.

첫째, 학생들이 서로의 글을 보며 함께 성장할 수 있습니다. 공책에 글똥누기를 할 때는 일부러 자기 공책을 보여주지 않는 이상 서로의 글을 공유하기란 쉽지 않습니다. 그런데 패들렛에서는 자연스럽게 친구의 글을 읽게 되고, 또 내 글을 되돌아볼 수 있습니다. '아, 나는 이렇게 생각했는데 이 친구는 저렇게 생각했구나!'라는 신선한 자극도 받게 되지요. 그러다 보니 학생들의 글솜씨도 날이 갈수록 향상되는 것을 확인할 수 있었습니다.

둘째, 이미지와 영상을 활용해 글을 더 효과적으로 표현할 수 있습니다. 패들렛을 통해 글에 어울리는 이미지와 영상을 삽입하니 문장으로 미처 표현하지 못한 내용을 훨씬 더 풍성하게 전달할 수 있더군요. 마치 그림책 속 삽화처럼요.

셋째, 학생들의 글을 차곡차곡 모아서 간직할 수 있습니다. 우리 반 모든 친구들이 매일매일 써내려간 글들이 한 편의 책처럼 엮이는 모습은 제게 꽤 신기한 경험이었습니다. 이 또한 패들렛이 있었기에 가능한 일이었지요.

이러한 이유로 저는 앞으로도 글똥누기는 쭉 패들렛으로 할 생각입니다. 코로나19 상황이 끝나더라도 말이죠. 등교 수업과 온라인 수업을 오가면서 실천해 본 결과, 조금의 망설임도 없이 자신 있게 내린 결론입니다. 선생님께서도 패들렛과 함께 아침 글똥누기를 도전해 보시는 건 어떨까요? 상상하는 것 이상으로 지금까지와는 전혀 다른, 아주 신선하고 즐거운 경험을 하시게 될 겁니다.

활동 Tip

- 아이들의 비밀스러운 글도 받고 싶다면 '승인 필요'를 설정해 놓으세요. 다른 친구들이 글을 읽지 못하기 때문에 속마음을 곧잘 털어놓는답니다.
- 글똥누기가 계속 쌓이다 보면 패들렛 로딩 시간이 점점 길어집니다. 이럴 땐 패들렛을 PDF로 저장해 결과물을 저장하고, 기존 게시물은 모두 삭제하세요. 한 달 주기로 새롭게 글을 모으면 보다 쾌적하게 글똥누기를 할 수 있습니다. PDF로 저장한 결과물은 월간지 형태로 제작할 수 있어요. 자세한 방법은 다음 장의 '우리 반 글 모음집'을 참고하세요.

[참고] 아이들과 나누면 좋은 글똥누기 50가지 주제

번호	글똥누기 주제
1	선생님을 처음 보고 든 생각은?
2	나를 행복하게 하는 것
3	나를 슬프게 하는 것
4	내가 좋아하는 친구의 특징
5	나를 힘들게 하는 친구의 특징
6	나를 동물로 비유하자면?
7	요즘 내가 즐겨 보는 유튜브는?
8	나를 행복하게 하는 노래는?
9	내가 가장 좋아하는 음식과 그 이유
10	내 이름으로 삼행시 짓기
11	학교에 오면서 본 것 5가지 이상 적고 느낌 쓰기
12	내가 생각하는 세상에서 가장 아름다운 말
13	내가 들은 가장 상처받은 말
14	내가 요즘 꼭 갖고 싶은 것
15	과목을 한 개 없앨 수 있다면 당신의 선택은?
16	최대한 뻔뻔하게 나를 칭찬하기
17	나를 격려하는 말 쓰기
18	오늘은 월요일! 월요일에게 편지쓰기
19	내일은 토요일! 토요일에게 편지쓰기
20	나를 가장 화나게 하는 것
21	내가 화를 푸는 방법
22	하늘에서 5,000원이 떨어졌다. 뭘 하고 싶은가?(5,000원은 가져도 됨)
23	엄마아빠에게 자주 듣는 잔소리 BEST 3!
24	형, 오빠(누나, 언니) vs. 동생, 당신의 선택은?
25	내 인생에서 지우고 싶은 흑역사
26	살면서 한 번쯤 꼭 가보고 싶은 곳
27	선물 상자를 열었다. 그 안에 있는 것은?
28	살아 있다는 것이 아름다운 이유
29	선생님께 듣고 싶은 말
30	선생님께 듣기 싫은 말
31	자고 일어나니 선생님이 되어 있었다.
32	나의 장점을 10가지 이상 찾으세요.
33	나의 가장 큰 단점 하나를 꼽자면?
34	초등학교 생활 중 가장 기억에 남는 에피소드
35	스마트폰 없이 일주일 살기 vs. 체육 없이 1년 살기
36	내가 본 가장 감동적인 영화와 그 이유
37	어른들이 하는 행동 중 가장 이해할 수 없는 행동과 그렇게 생각한 까닭

38	누군가에게 '고마워'라는 말을 들었던 경험
39	만약 과거로 돌아가서 역사를 바꿔야 한다면 언제로 돌아가고 싶은가요?
40	세종대왕 vs. 이순신
41	선생님 이름으로 삼행시 짓기
42	'추석명절'로 사행시 짓기
43	친구들이 나를 따돌린다면?
44	우리 반의 누군가가 따돌림을 당하고 있다면?
45	20년 후, 나는 어떤 사람이 되어 있을까?
46	우리 반이 좋은 이유 3가지
47	선생님을 최대한 기분 좋게 하라! (최고 아부왕에게 엄청난 선물이!)
48	부모님(또는 가족)에게 '사랑해'라고 문자 보내고 받은 답장 내용
49	행복한 사람은 어떤 사람일까?
50	학교에 이것 좀 있었으면 좋겠다!

간단하게 만들어요
〈우리 반 글 모음집〉

수업 형태
등교 수업,
온라인 수업

템플릿 형식
모든 템플릿 가능

 앞서 말씀드렸듯이 패들렛으로 글똥누기를 할 때의 장점 중 하나는 학생들의 글이 차곡차곡 모인다는 것입니다. 특히 좋은 글들은 '복사하기' 기능을 활용해 따로 모아서 보관할 수도 있지요. 이렇게 글을 모으다 보면 패들렛에서만 학생들의 글을 보는 것이 아쉽다는 생각이 들 때가 있습니다. 이럴 때는 월간지 형태의 '학급 글 모음집'을 만들어 보세요. 더 많이, 그리고 더 쉽게 학생들이 서로의 글을 읽을 수 있을 뿐 아니라 가정과의 공유도 쉬워 반응이 매우 좋답니다.

패들렛 설정하기

① PDF로 저장하기
패들렛 속 학생들의 글을 내보내는 방법은 앞서 '공유하기' 편에서 안내한 대로 'PDF로 저장하기'(23쪽 참조)를 활용하면 됩니다. PDF로 저장하기는 학생들이 쓴 글뿐만 아니라 친구의 글에 단 댓글까지도 모두 저장되기 때문에 읽는 이에게 훨씬 생생하고 날 것 그대로의 느낌을 전달할 수 있습니다.

② 인쇄하기
PDF로 저장한 뒤에는 인쇄를 합니다. 교실에 비치할 한 권을 인쇄해도 좋고, 학생 개개인에게 모두 나눠줄 만큼 인쇄를 해도 좋습니다. 월간지 형태로 매달 인쇄를 하는 경우, 인쇄물이 생각보다 두껍지 않습니다.

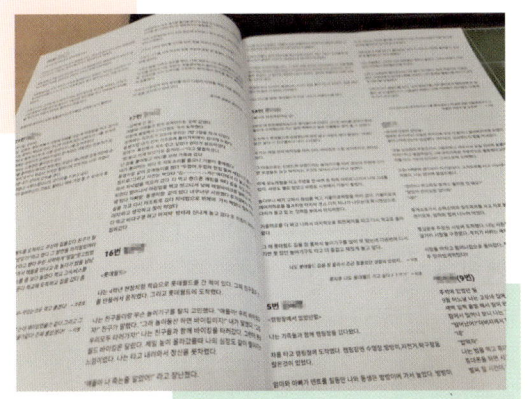

PDF로 저장해 인쇄한 학생들의 글 모음집

> **활동 Tip**
>
> PDF로 저장하기 전에 학생들이 쓴 글의 맞춤법, 비문 등을 교정하는 작업을 간단히 하면 글 모음집의 완성도를 높일 수 있습니다. 시간이 없다면 생략하셔도 됩니다. 그 나름대로 읽는 재미가 있답니다.

● 글 모음집 표지 만들기

표지는 선생님이 따로 만들어 일괄적으로 배부해도 좋지만, 저는 학생들이 각자 자신의 개성이 담긴 글모음집 표지를 가지면 좋겠다고 생각했습니다. 그래서 저작권 걱정 없는 '미리캔버스'(miricanvas.com)를 활용해 표지 만들기 작업을 진행했습니다.

① 교육용 단체 계정 발급

미리캔버스에서는 교육용 계정 발급을 지원합니다. 학교 예산으로 프로나 에듀 플러스 요금제를 구입한다면 더욱 쾌적한 미리캔버스 활용이 가능합니다. 다만, 미리캔버스 정책에 따라 조금씩 변화가 있으므로 따로 확인을 해보는 것을 추천합니다.

② 표지 만들기

표지를 만들기 전에 미술교과의 시각 디자인 활동과 연계하여 두세 차례 작품 만들기 연습을 합니다. 사이트 자체가 워낙 직관적이고 간단하기 때문에 기본적인 설정만 가르쳐 주면 학생들 대부분 어렵지 않게 자신만의 작품을 뚝딱 만들어 냅니다. 어느 정도 연습이 됐다면 표지를 만듭니다. 다음은 학생들이 만든 글 모음집 표지입니다.

글모음집 표지 사진

이렇게 만든 표지는 선생님이 일괄 저장해서 컬러 인쇄를 하면 됩니다.

활동 Tip

표지 만들기는 꼭 미리캔버스로 안 해도 괜찮습니다. A4 용지에 색연필과 사인펜으로 직접 표지를 만들어도 좋아요. 핵심은 학생들 각자의 개성이 담긴 표지를 만드는 데 있습니다.

● 글 모음집 묶기

표지와 내용이 모두 완성되었으니 이제 묶기만 하면 됩니다. 저는 스테이플러를 활용해서 간단하게 묶었는데, 학교에 제본기가 있다면 제본기를 활용해도 좋습니다. 다만, 저는 글 모음집 활동을 1년 내내 꾸준히 하기 위해 처음부터 '힘 빼지 말고, 되도록 쉽게' 하는 방법을 선택했습니다. 선생님이 지치면 활동이 이어지기란 쉽지 않으니까요.

● ● ●

 이렇게 패들렛을 활용해서 우리 반 글 모음집을 쉽게 만들어 보았습니다. 물론 선생님의 정성이 가득 담겨 있는 학년 말 학급문집만큼의 수준은 아닙니다. 하지만 이 간단한 글 모음집을 우리 반 친구들은 참 많이 좋아했답니다. 본인이 쓴 글이 있고, 친구들의 글이 있으며, 자신이 단 댓글도 생생하게 남아 있으니까요. 게다가 표지까지 스스로 디자인했으니 이 글 모음집을 사랑하지 않을 이유가 없겠지요?
 선생님께서도 매달, 반짝반짝 빛나는 아이들의 글을 차곡차곡 모아서 학급 글 모음집을 만들어 보세요. 1년이 지나면 어느샌가 두둑이 쌓여 있는 우리 반만의 자랑거리가 될 것입니다.

한 방에 해결해요
〈온라인 과제 수합〉

수업 형태: 온라인 수업
템플릿 형식: 셀프

온라인 수업을 진행하면서 선생님들은 무엇이 가장 힘드셨나요? 저희 학교는 방역 문제로 인해 A반과 B반으로 분반해서 수업을 운영했는데요. 그러다 보니 오전에는 등교 수업을, 오후에는 온라인 수업 콘텐츠 촬영과 과제 검사를 하는 강행군이 이어졌습니다.

그중에서도 저를 괴롭힌 것은 과제 수합이었습니다. 별다른 과제 수합 방법이 없어 개인 메시지로 학생들의 과제를 받아 피드백을 해주다 보니 그야말로 '과제 지옥'에 빠진 것 같은 기분이 들더군요. 누가 냈는지 안 냈는지 일일이 체크를 하는 것도 힘들 뿐더러 피드백을 하기도 쉽지 않았습니다. 무엇인가 특단의 대책이 절실할 즈음, 운명처럼 만난 플랫폼이 바로 '패들렛'이었습니다. 패들렛은 과제 지옥에 빠져 허우적대던 저를 한 방에 구원해 주었습니다.

패들렛 설정하기

가장 먼저 할 일은 과제를 수합하기 위한 패들렛을 만드는 일입니다. 날짜별로 과제를 모아야 하기 때문에 '셀프(선반)' 형식을 선택했고, '댓글'과 반응도 과제 피드백에 활용하고자 열어두었습니다. 또 한 가지 잊지 말아야 할 것이 있는데, 바로 공유 창의 '프라이버시 변경'입니다. '프라이버시 변경'에서 방문자 권한을 '편집 가능'까지 부여해 줍니다. 학생들이 스스로 컬럼을 만들어 과제 제출 날짜를 쓰게 하기 위함입니다.

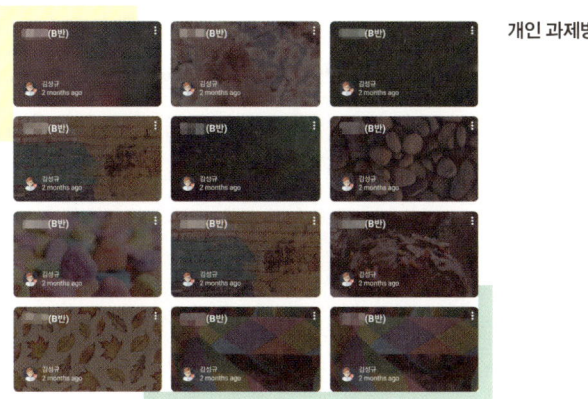

개인 과제방 모음

이런 식으로 패들렛을 하나 만들었다면 학생 수만큼 복제하고, 제목을 학생의 이름으로 바꿔주면 됩니다. 어떠세요? 학생 개개인을 위한 과제 수합방이 뚝딱 만들어졌지요?

● 과제방 운영하기

과제 수합방을 만든 다음에는 패들렛 링크를 학생들에게 각각 보내줍니다. 다소 귀찮은 작업이기는 하지만 과제 지옥에서 탈출하려면 이 정도 고생은 감수할 만합니다. 학생들은 선생님에게 받은 과제방 링크를 1년 내내 사용하기 때문에 링크 공유는 한 번만 하면 됩니다. 링크 공유가 끝났다면, 과제방을 다음과 같은 순서로 운영합니다.

학생	컬럼을 추가해서 과제 제출 날짜를 작성한다.
학생	패들렛의 '카메라' 기능을 활용해 과제를 촬영한 뒤 저장한다.
교사	학생의 과제를 확인하고, '댓글'과 '좋아요'로 피드백한다.
학생	피드백 받은 내용을 바탕으로 과제를 수정, 보완한다.

2장 | 학급 경영

패들렛 과제방은 제 삶의 질을 바꿔 놓았습니다. 가장 좋았던 것은 학생 개개인의 과제를 날짜별로 누적해서 포트폴리오화할 수 있다는 점입니다. 포트폴리오를 통해 학생이 어떻게 공부하고 성장하는지 훨씬 정돈된 형태로 확인 가능하고, 댓글과 반응을 통해 즉각적인 피드백을 해주니 학생들 스스로 과제를 수정, 보완하는 어려움도 크게 줄었습니다.

과제 제출 여부를 따로 확인하지 않아도 되는 것 역시 큰 장점입니다. 패들렛은 언제 새로운 글이 올라왔는지 시간으로 표시해 주기 때문에 과제방을 일일이 들어갈 필요 없이 과제를 낸 친구와 내지 않은 친구를 한눈에 알아볼 수 있습니다. 복잡한 체크리스트가 불필요해진 것이지요.

● **학부모와 공유하기**

학생들의 과제방은 학부모와도 공유를 했습니다. 학부모들이 자녀의 과제 수행 정도를 살펴보고 지원해 줄 의무가 있다고 생각했기 때문입니다. 과제방을 공유하니 자연스럽게 가정과 연계한 교육 환경이 구축되었고, 학부모들의 관심과 참여도 늘었습니다. 교육열 높은 학부모들은 거의 매일 자녀의 과제방에 들어가 과제 수행을 확인하고 독려할 정도였지요.

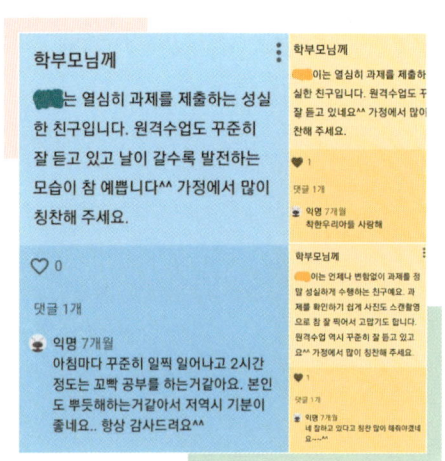

학부모 피드백 사진

이는 온라인 수업에 대한 학부모들의 불안감을 낮추는 데도 크게 기여했습니다. 안타까운 일이지만 선생님들의 많은 노력에도 불구하고 온라인 수업에 대한 학부모들의 불안은 여전히 남아 있습니다. 어찌 보면 당연한 일입니다. 자녀가 온종일 집에 있는 데다가, 컴퓨터나 스마트폰으로 무언가 하는 것 같기는 한데 이를 제대로 확인할 길은 없으니 학부모 입장에선 답답한 노릇인 거죠. 그런데 과제방을 통해 자녀가 언제, 무엇을, 어떻게 공부했고 이에 대한 선생님의 피드백은 어땠는지를 수시로 확인할 수 있게 되면서 학부모들 사이에 학교 교육을 믿고 지원해 주는 분위기가 형성되었습니다. 정보를 투명하게 공유하면서 불확실성이 제거된 셈이죠.

활동 Tip

무료 버전 사용 시 과제 수합 방법

무료 버전을 사용하는 경우, 학생 개개인의 과제방을 따로 만들어 줄 수 없습니다. 이때는 아래와 같은 방법으로 학급 과제방을 만들어 활용하면 됩니다. 템플릿 형식은 '셸프(선반)'이며, '좋아요', 반응 및 '승인 필요'를 활성화하고 프라이버시의 '비밀-작성 가능'을 선택했습니다.

운영방법

교사	학급 학생 수 만큼 컬럼을 만들고, 학생 개개인의 이름을 적는다.
학생	본인 이름 컬럼 아래에 과제를 업로드한다.
교사	학생의 과제를 확인하고, '댓글'과 '좋아요'로 피드백한다.
학생	피드백 받은 내용을 바탕으로 과제를 수정, 보완한다. 다음 날, 완료된 과제를 모두 삭제하고 새로운 과제를 업로드한다.

무료 버전은 다음 날 새로운 과제를 올릴 때 완료된 과제를 삭제해야 하는 단점이 있습니다. 학생들의 과제 결과를 꾸준히 포트폴리오화하고 싶다면 매일 과제 검사 종료 시간에 'PDF로 저장하기'를 눌러 결과물을 보존해 놓는 것이 좋습니다.

※ '띵커벨', '퀴즈앤' 등의 온라인 도구에서도 셸프(선반) 형식의 보드를 제공하고 있습니다. 해당 도구를 사용한다면 패들렛 대신 이 도구들을 활용해 과제 수합을 할 수 있습니다.

• • •

우리 반의 온라인 과제방은 이렇게 1년 내내 별 탈 없이 잘 운영되었습니다. 교사의 꾸준함, 학생들의 참여, 학부모들의 관심이 함께 만들어 낸 성과였습니다. 힘들고 어렵기만 한 과제 수합, 선생님들께서도 패들렛을 통해 극복해 보시는 건 어떨까요?

언제 어디서든 자랑해요 〈우리 반 전시관〉

수업 형태: 등교 수업, 온라인 수업

템플릿 형식: 스트림

학생들의 수업 활동이나 작품 사진을 많이 찍으시나요? 학급 SNS를 운영하는 분들은 이런 사진들을 SNS에 모아두곤 하죠. 하지만 각종 민원과 돌발상황 등을 우려해 학급 SNS 자체를 꺼리는 분들도 많은 것이 사실입니다. 학급 SNS를 개설하지 않고 학생들의 작품과 사진을 싶은 분들께 추천합니다. 바로 패들렛으로 만드는 '우리 반 전시관'입니다.

패들렛 설정하기

템플릿은 '스트림' 형식을 추천합니다. 다른 템플릿보다 사진이나 영상을 크고 명확하게 볼 수 있기 때문이죠. 간단한 멘트까지 더해 주면 마치 개인 SNS를 보는 듯한 느낌도 듭니다. '댓글'과 반응('좋아요')은 모두 활성화하고 전시관에 어울리는 배경화면도 설정하면 좋습니다.

● 너를 응원해' 추억사진 올리기

'우리 반 전시관' 패들렛의 용도는 다양합니다. 수업을 기록해도 되고, 작품을 게시해도 되고, 사진을 보관해도 되죠. 저는 미술 수업(가을 캘리그래피)과 연계해 보았습니다. A반과 B반으로 분반되어 있다가 10월에서야 어렵사리 한 반으로 뭉친 우리 반 친구들에게 조금이나마 행복한 기억을 심어 주고 싶어서 시작한 수업이지요.

① 서로를 응원하는 글귀 찾기

먼저 서로에게 힘을 북돋아 주는 다양한 말들을 찾아보았습니다. '힘내!' '넌 최고야!' '친구야, 난 널 믿어!' 등 듣기만 해도 기분 좋은 말들이 쏟아져 나왔습니다. 이렇게 찾은 문구들을 한글 문서에서 캘리그래피 폰트로 작성한 다음, A4 용지 4분의 1 크기로 인쇄해 한 명씩 나눠 주었습니다.

② 색칠하기

학생들은 각자 받은 문구를 색연필과 사인펜을 활용해 열심히 색칠했습니다. 가을에 어울리는 색, 친구에게 희망을 줄 수 있는 색을 선택하라고 하면 보다 다양한 색깔의 작품을 볼 수 있습니다. 시간적 여유가 있다면 학생들이 직접 글귀를 종이에 쓰고 이를 예쁘게 꾸미게 해도 좋습니다.

③ 풍경 속 작품 사진 찍기

모든 학생이 캘리그래피 작품을 완성한 뒤, 다 함께 교실 밖으로 나갔습니다. 10월 중순, 단풍과 은행이 곱게 수놓은 날이었지요. 학생들은 삼삼오오 흩어져 가을풍경 속에 본인의 캘리그라피 작품을 놓고 사진을 찍었습니다. 때로는 진지하게, 때로는 재밌게, 함께 사진을 찍으며 즐거워하는 모습을 보노라니 마치 코로나19 이전의 일상으로 돌아간 것 같은 착각이 들더군요.

> **활동 Tip**
> 스마트폰이 없는 친구들은 사진 찍기 활동이 어려울 수 있어요. 활동 전, 스마트폰이 없는 친구들을 도와줄 친구들을 미리 모집해 보세요. 서로 배려하며 사진 촬영을 하는 예쁜 모습을 볼 수 있답니다.

④ 패들렛에 작품사진 올리기

사진 촬영을 끝내고 난 뒤, 가장 마음에 드는 사진을 '우리 반 전시관' 패들렛에 올리는 시간을 가졌습니다. 아름다운 단풍잎과 정성스럽게 색칠한 캘리그래피에서 훈훈한 기운이 느껴졌습니다. 친구들이 올린 사진에 댓글도 달며 서로 응원하는 시간을 가진 것 역시 기억에 오래오래 남았습니다.

학생들이 올린 작품과 댓글

● ● ●

방송인 유병재 씨가 지은 『말장난』이란 시집에 이런 삼행시가 있습니다.

비록 몸은 떨어져 있지만
대화가 불편하긴 하지만
면(몇) 년 후면 우리는 오늘을 추억할 수 있을 거예요.

여전히 마스크를 쓰고 거리 두기를 해야 하지만 언젠가는 지금을 추억할 날이 오겠지요? 그때까지 학생들과의 하루하루를 패들렛에 고이 보관해 보세요. 언젠가 우연히 패들렛을 열었을 때, 선생님을 미소 짓게 만들 겁니다.

신청곡 받아요
〈패들렛 뮤직박스〉

수업 형태
등교 수업

템플릿 형식
스트림

코로나19는 학교생활의 많은 것들을 바꿔 놓았습니다. 특히 쉬는 시간이 그렇습니다. 코로나19 이전만 하더라도 학생들에게 쉬는 시간은 친구들과 보드게임을 하고, 마음껏 수다를 떨며, 가끔 선생님 몰래 뛰어다니고 장난도 치는 그런 자유로운 시간이었죠. 이 시간을 통해서 학생들은 서로를 더 많이 알아가고, 충분히 친해질 수 있었습니다. 말 그대로 학생들의 '숨구멍' 역할을 한 시간이었던 셈이죠.

그런데 코로나19는 이 숨구멍을 꽉 막아 버렸습니다. 단축 수업이 진행되면서 쉬는 시간도 함께 줄어들었고, 방역과 거리 두기 지침으로 인해 친구와 이야기를 나누거나 보드게임을 하는 것도 불가능하게 되었습니다. 가장 자유롭고 재밌었던 쉬는 시간이 이제는 꼼짝없이 자기 자리에 앉아 시간을 보내야만 하는 심심한 시간으로 바뀌어 버린 것입니다. '어떻게 하면 쉬는 시간을 조금이라도 재밌게 보낼 수 있을까?' 우리의 고민은 바로 여기서 시작됐습니다.

● 학급회의 하기

우리 반은 별다른 일이 없다면 매주 금요일 학급평화회의를 했습니다. 서로에게 고마움을 나누고, 학급 안건에 관한 의견을 교환하는 시간이지요.

한 주를 마무리하면서 다음 주를 준비하는 시간이기도 하고요. 이 시간에 한 친구가 이런 의견을 냈습니다.

"쉬는 시간이나 점심 먹고 남은 시간에 움직이지도 못하고 자리에만 앉아 있으니까 너무 심심하고 졸려요. 친구들에게 듣고 싶은 음악을 추천받아서 틀어주시면 좋을 것 같아요."

다른 친구들의 의견을 물었습니다. 모두가 긍정적인 반응이었습니다. 이어서 어떻게 음악 신청을 받을지 아이디어를 모았습니다.

첫 번째는 룰렛이었습니다. 반에 있는 룰렛에 친구들의 이름을 쓰고 선택 받은 친구가 듣고 싶은 노래를 트는 형식입니다. 두 번째는 '패들렛'이었습니다. 우리 반이 패들렛을 자주 사용하니 자신이 가장 좋아하는 노래를 하나씩 선택해 올리면 그 노래를 틀자는 거였죠.

이 두 가지 의견은 모두 채택되었습니다. 즉각적이고 쉽게 사용할 수 있는 룰렛뿐 아니라 각자의 취향이 담긴 음악을 모을 수 있는 패들렛도 함께 사용하면 더 좋을 것 같다는 결론이었지요. 무조건 다수결이 아닌 다양한 생각들을 존중하며 모두가 합의한 결과여서 의미가 있었습니다.

패들렛 설정하기

회의 결과에 따라 음악을 모을 수 있는 패들렛을 만들었습니다. 패들렛 형식은 '스트림'으로 했습니다. 하향식 피드 형태의 스트림은 일정하게 정돈된 형태로 내용을 명확히 볼 수 있는 형식이라 영상과 같은 게시물을 모으는 데 가장 적합합니다. 반응('좋아요')은 활성화했고, '댓글'은 꺼두었습니다. 이 같은 설정은 각자 학급에 맞게 자유롭게 조정하시면 됩니다.
설정이 끝난 뒤 아이들이 참고할 만한 예시 글을 하나 올렸습니다. 기왕이면 음악 영상만 올리는 것이 아니라 그 음악을 추천하는 이유까지 적으면 좋겠다는 생각에서였습니다. 덕분에 학생들은 서로의 다양한 음악 취향뿐 아니라 어떤 생각을 하며 이 음악을 듣는지도 알아갈 수 있었지요.

● **음악 추천하고 함께 듣기**

패들렛 링크를 학급 단체 채팅방에 올리자마자 학생들은 저마다의 경험을 담은 음악을 추천하기 시작했습니다. 말 그대로 우리 반 뮤직박스라고 해도 손색이 없을 정도였지요. 몇몇 친구들의 추천 음악들을 함께 구경해 볼까요?

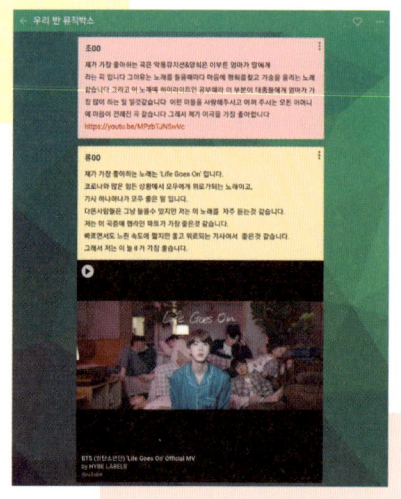

우리 반 뮤직박스

제가 가장 좋아하는 곡은 양희은과 악동뮤지션이 부른 '엄마가 딸에게'라는 곡입니다. 노래를 들을 때마다 마음에 평화를 찾고 가슴을 울리는 노래 같습니다. 그리고 이 노래의 하이라이트인 "공부해라" 이 부분은 모든 엄마가 가장 많이 하는 말 일 것 같습니다. 이런 아들을 사랑해주시고 아껴 주시는 모든 어머니의 마음이 전해집니다. 그래서 저는 이 곡을 가장 좋아합니다.

제가 가장 좋아하는 노래는 방탄소년단의 'Life Goes On'입니다. 코로나와 많은 힘든 상황에서 모두에게 위로가 되는 노래이고, 가사 하나하나가 모두 좋은 말입니다. 저는 이 곡 중에 랩 라인 파트가 가장 좋습니다. 빠르면서도 느린 속도에 짧지만 좋고 위로되는 가사이기 때문입니다.

제가 가장 좋아하는 노래는 아이유의 '에잇(Eight)'입니다. 저는 이 노래를 들었을 때 슬픈 이야기라는 느낌을 받았습니다. 하지만 또 하이라이트 부분에서는 기쁜 추억이라는 느낌도 강하게 전달 받았습니다. 실제로 뮤비 해석을 찾아보니 2019년에 하늘로 간 친구들(故 설리, 구하라)을 추모, 위로하기 위해 만들어진 노래라는 해석이 달려 있었습니다. 그걸 알고 다시 들어보니 정말 그런 것 같았습니다. 아이유가 이렇게 감정을 잘 담는 걸 보면 대단한 가수임을 새삼스럽게 다시 느꼈습니다. 그래서 저는 '에잇'을 좋아하고 많은 분들께 알리고 싶습니다.

제가 제일 좋아하는 노래는 악동뮤지션의 '오랜 날 오랜 밤'이라는 노래입니다. 이 곡을 듣고 있으면 '그리움' 이라는 글자가 떠오릅니다. 잔잔하면서 사랑하는 사람을 그리워하는 느낌을 나타내는 노래 같습니다. 노래뿐만이 아니라 가사도 멋져서 아주 좋은 노래입니다. 그래서 이 곡을 추천합니다.

● ● ●

저는 아이들이 올린 글을 보면서 나이 어린 학생들도 나름의 주관과 의미를 갖고 음악을 감상하고 있다는 사실에 적잖이 놀랐습니다. 이렇게 추천받은 노래는 쉬는 시간마다 우리 반에서 울려 퍼졌고, 어느샌가 우리 반의 자랑거리이자 트레이드 마크가 되었답니다. 적막했던 쉬는 시간이 다시 즐거워졌음은 물론이고요.

코로나19로 인해 많은 것이 변화했지만 그 속에서 우리는 또 이렇듯 나름의 재미와 행복을 찾았습니다. 중요한 것은 역시 대화와 소통, 그리고 서로를 이해하는 과정이었다는 걸 다시 한번 깨달으면서요.

이미지로 말해요
〈오늘 내 기분은?〉

수업 형태
등교 수업, 온라인 수업

템플릿 형식
셀프

아침에 교실에 들어설 때면 선생님은 어떤 감정이 드시나요? 컨디션에 따라 기분이 좋을 때도 있고, 나쁠 때도 있을 겁니다. 학생들도 마찬가지입니다. 아침에 학생들은 제각각 다른 감정을 품고 교실에 들어옵니다. 이 감정들을 모두 존중하고 수용하는 것은 교실에서 함께 생활하는 학급 공동체의 몫이기도 하지요. 공동체의 일원으로서 자신의 감정을 솔직하게 들여다보고, 이를 올바르게 표현하는 것이 중요한 이유가 바로 여기에 있습니다. 이를 위한 아침 활동 한 가지를 소개합니다. 바로 패들렛을 활용한 '오늘 내 기분은?'이라는 활동입니다.

패들렛 설정하기

이번에 활용할 패들렛 템플릿은 '셀프(선반)'입니다. '댓글'과 반응 활성화는 필요에 따라 자유롭게 선택하면 됩니다. 패들렛 설정이 끝나면 컬럼을 학급 학생 수만큼 만들고, 학생의 이름을 각각 적어 줍니다.

● 오늘 내 기분은?

아침 감정 나누기는 학생들이 자유롭게 참여하게 했습니다. 등교 전 집에서 해도 되고, 학교에 와서 해도 됩니다. 매일 할 필요도 없습니다. 저는 일주일에 한두 번 정도, 평소와는 조금 다른 감정이 드는 날 솔직하게 자기표현을 하는 용도로 활용하였습니다. 활동 순서는 다음과 같습니다.

① 차분히 자신의 감정을 느껴봅니다. 미리 주어진 감정 목록표를 보고, 자신이 가장 강렬하게 느끼는 감정이 무엇인지 확인합니다.
② 자신의 이름이 적힌 컬럼을 찾아 감정 나누기 활동을 합니다. 제목에는 날짜와 요일을 쓰고, 내용에는 현재 강렬하게 느끼는 감정과 그 감정을 느끼는 이유를 적습니다.
③ 마지막으로 내 감정과 가장 비슷한 이미지를 '구글 검색' 기능을 통해 업로드합니다. 본문 내용을 더욱 풍성하게 만들어 줄 수 있도록 다양한 사진이나 그림을 탐색하는 것이 좋습니다.
④ 일주일에 1~2회씩 기록하면서 한 달 동안 감정이 어떻게 변화했는지 살펴봅니다. 또 내가 어떤 감정을 가장 자주, 강렬하게 느꼈는지도 확인해 봅니다.

감정 표현 결과물

> 아침부터 엄마한테 잔소리 먹었다. 가방 잘 안 챙겼다고 혼나서 기분이 별로 안 좋다ㅠㅠㅠㅠㅠ 그래서 오늘 내 아침 감정은 슬프다이다. 아침부터 혼나니까 우울하다.

> 오늘은 기분이 좋은 날이다. 왜냐하면 엄마가 오늘 갈비를 사준다고 하셨기 때문이다. 코로나 때문에 외식 못 한 지 엄청 오래됐는데 학교 가는 기념으로 고기 사준다고 해서 너무너무너무너무 행복하다. 맛있게 먹을 거다. 그동안 못 먹었으니까.

> 아침부터 힘이 없다. 왜 이런지 잘 모르겠는데 그냥 힘이 없다. 밥을 안 먹어서 그런 건가. 공부를 잘 할 수 있을지 모르겠다. 너무 많이 자서 그런 거 같기도 하다. 다음부턴 조금만 자야지ㅋㅋㅋㅋ 공부하다 보면 힘날 것이다. 아자아자!!!!!!!!

● ● ●

　기분을 표현하다 보면 때로는 복합적인 감정이 다양하게 발현될 수 있습니다. 이는 매우 자연스런 현상이므로 학생들에게 굳이 한 가지 감정만 적지 않아도 된다고 미리 이야기해 줍니다. 시간이 지날수록 보다 풍부해지는 아이들의 감정을 볼 수 있답니다.

[참고] 감정과 관련된 단어

기쁨	슬픔	화남	두려움
신나는	슬픈	화난	무서운
즐거운	눈물이 나는	싫은	두려운
재미있는	미안한	짜증 나는	공포스러운
흥겨운	마음 아픈	미워하는	불안한
흥분되는	불쌍한	심통 나는	떨리는
자신 있는	재미없는	샘나는	겁나는
할 수 있는	지루한	질투하는	진땀 나는
자랑스러운	따분한	지겨운	조마조마한
발랄한	의욕 없는	귀찮은	초조한
생생한	무관심한	답답한	다리가 후들거리는
용기 있는	시큰둥한	속상한	굳어버린
짜릿한	위축된	좌절한	긴장한

기쁨	슬픔	화남	두려움
몰두하는	의기소침한	괴로운	주눅 드는
열정적인	외로운	억울한	소름끼치는
흥미로운	막막한	신경질 나는	오싹한
힘찬	기운이 없는	분한	괴로운
날아갈 것 같은	피곤한	열받는	고통스러운
밝은	걱정되는	곤두선	
	고민되는	질투하는	
	후회되는	약 오르는	
	실망스러운	욱하는	
	조심스러운	충격적인	
	안타까운	상처받은	
	싸늘한	섭섭한	
	허탈한	비참한	
	우울한	변덕스러운	
	울적한		
	서러운		

출처: 『학급긍정훈육법: 활동편』(에듀니티)

물건으로 나를 말해요
〈소나기: 소중한 나의 이야기〉

수업 형태
등교 수업, 온라인 수업

템플릿 형식
담벼락

♡ 💬

누구든 자신만의 특별한 스토리가 담긴 물건이 있기 마련이지요. 저는 예전부터 사용해 온 외장하드가 그런 물건입니다. 처음 교단에 섰을 때부터 지금에 이르기까지 차곡차곡 모아 놓은 추억과 자료들이 잔뜩 들어 있거든요. 이 활동은 '우리 반 친구들에게 특별한 물건은 무엇일까?'라는 단순한 호기심으로부터 시작됐습니다. 바로 소중한 나의 이야기를 들려주는 '소나기 활동'입니다.

패들렛 설정하기

소나기 활동에 활용할 템플릿은 '담벼락'입니다. 물건을 차곡차곡 쌓아 올리는 느낌을 주고 싶어서 선택했습니다. 선생님의 기호에 따라 '그리드'나 '스트림'으로 교체해도 괜찮습니다. '댓글'과 반응('좋아요')은 활성화해서 학생들이 서로 활발하게 피드백을 주고받을 수 있게 합니다.

● **그림책으로 활동 열기**

소나기 활동은 그림책 『내 보물 1호 티노』(김영수 글·그림, 비룡소)로 엽니다. 그림이를 좋아하는 영수는 자신의 마음을 서툰 방법으로 표현합니다. 바로 자신이 가장 사랑하는 '보물 1호' 공룡 티노로요. 그림책을 읽는 내내 순진무구한 영수의 행동이 흐뭇한 미소를 자아내는 아주 귀여운 작품입니다. 그림책을 다 읽고 나서 학생들에게 제 보물 1호인 외장하드를 보여주었습니다. "이게 뭘까요?"라고 물으니 별의별 다양한 대답들이 쏟아집니다.

"이건 외장하드라고 하는 거예요. 조금 용량이 큰 USB라고 생각하면 됩니다. 이 물건을 선생님이 왜 꺼냈을까요? 맞아요. 이 외장하드가 선생님의 보물 1호거든요. 이곳엔 선생님이 10년 넘게 모아온 수많은 수업자료와 추억 사진들이 가득해요. 잃어버리거나 망가지는 건 상상도 할 수 없어요. 그만큼 정말 소중한 물건이죠."

자연스럽게 제 '소나기'를 펼쳐내니 학생들도 호기심 어린 눈빛으로 귀를 기울입니다. 선생님이 어떻게 이야기를 풀어내느냐에 따라 수업에 임하는 학생들의 태도도 달라지기 마련입니다. 제 이야기를 마치고 난 뒤, 학생들의 눈을 감게 했습니다. 그리고 지금까지 살아오면서 가장 기억에 남거나 소중한 물건을 떠올려 보라고 했지요. 교실이 순식간에 조용해졌습니다.

활동 Tip

활동 열기를 『내 보물 1호 티노』 대신 〈TV동화 행복한 세상〉에서 소개한 '가장 소중한 물건'으로 해도 좋아요. 보다 진지하고 감동적인 분위기를 연출할 수 있습니다. '가장 소중한 물건'은 인터넷 검색을 통해 쉽게 찾아 읽을 수 있습니다.

● 소나기 활동하기

천천히 눈을 뜨게 하고 본격적인 소나기 활동을 시작했습니다. 소나기 활동은 다음과 같이 진행합니다.

① 자기 자신에게 가장 소중하거나 중요한 물건 한 가지를 생각합니다.
② 패들렛의 '구글 검색' 기능을 활용해 물건 이미지를 찾아 올립니다. 온라인 수업의 경우, 소중한 물건이 집에 있다면 직접 촬영해서 올려도 좋습니다.
③ 제목에 이름을 쓰고 내용에는 이 물건이 왜 보물 1호인지를 설명합니다.

다음은 우리 반 친구들이 고른 물건과 그 이유입니다.

학생들이 꼽은 소중한 물건과 그 이유

물건	내가 고른 이유
양초	이 물건은 가족과 함께 놀러 갔을 때, 양초만들기 체험을 하면서 만든 것입니다. 그래서 이 양초는 저와 가족들의 아주 좋은 추억이 담겨 있는 물건입니다 :)
상장집	상장이 많이 들어 있어서 학교생활을 어떻게 했는지 알 수 있고, 노력의 결과가 나온 상장을 보면 마음이 뿌듯해져서 소중해요^^
곰인형	이 곰돌이 인형은 아빠가 저 어렸을 때 사준 인형이에요. 그래서 이 곰돌이 인형을 들고 자면 포근해서 잠이 잘 와요. 그리고 곰돌이 인형이랑 추억이 많아서 이 곰돌이 인형은 저의 소중한 물건이에요!
사진앨범	어렸을 때부터 지금까지 사진이 들어 있는 앨범입니다. 심심할 때 꺼내보고는 하는데 그땐 "내가 이랬구나" 생각하곤 합니다. 저의 추억이 담긴 앨범이라 더 소중하게 여겨지는 것 같아요 :D

● **소나기 공유하기**

마지막으로 서로의 소나기를 읽고 반응할 시간을 줍니다. 인상 깊은 물건에 '좋아요'도 누르고, 진심을 담은 '댓글'도 답니다. 소나기 활동은 나의 이야기를 풀어내는 것만큼 다른 친구의 이야기에 관심을 갖는 것 역시 중요하기 때문에 이 시간을 충분히 주는 것이 좋습니다. 이때 친한 친구의 글에만 반응하는 것이 아니라 아직 '좋아요'가 많지 않거나 댓글이 없는 글들을 찾아서 반응할 수 있게 독려합니다. 이 과정에서 학생들은 서로를 조금 더 살피고 배려하는 법을 배우게 된답니다.

● ● ●

학생들은 소나기 활동을 통해 평범해 보이는 물건일지라도 서로의 추억과 경험이 녹아 있음을 깨닫게 되었습니다. 어쩌면 우리에게 정말 의미 있는 물건은 값비싸고 희귀한 물건이 아니라 나와 오랜 시간 함께 한 물건이 아닐까요? 세월이 흘러도 타임머신처럼 과거의 추억을 곱씹게 하는 '소나기' 물건들을 학생들이 오랜 시간 소중히 간직하길 바라봅니다.

따뜻하게 바라봐
〈나는 참 예뻐요〉

수업 형태
등교 수업, 온라인 수업

템플릿 형식
캔버스

1년 동안 같은 반에서 생활하다 보면 시간이 지날수록 서로의 좋은 점보다는 나쁜 점이 더 눈에 띄기도 합니다. 그러다 서로에게 상처를 주기도 하죠. 안타까운 것은 자신을 바라보는 시선도 이와 비슷하다는 것입니다. 살아가면서 나를 칭찬하고 다독거리는 시간보다 부족하고 모자란 점을 자책하게 되는 경우가 훨씬 많거든요. 조금만 더 자신을 따뜻하게 바라볼 수 없는 것일까요? '나는 참 예뻐요'라는 활동은 이런 고민에서 시작되었습니다.

패들렛 설정하기

이 활동에서 활용할 템플릿은 '캔버스'입니다. 가장 자유로운 형식의 템플릿이죠. 학생들이 편안하고 즐거운 마음으로 자신의 예쁜 점을 털어놓길 바라는 마음으로 선택했습니다. '댓글'과 반응('좋아요')도 열어 놓았습니다. 설정을 마친 뒤, 이미지 카드 그림들을 패들렛에 쭉 펼쳐 두었습니다. 이 이미지 카드들이 학생들의 예쁜 점을 끌어낼 도구입니다.

활동 Tip

이미지 카드는 선생님께서 가지고 계신 카드를 스캔해서 사용하시면 됩니다. 단, 저작권 문제가 있을 수 있으니 수업에 폐쇄적으로 사용하는 조건으로 업체의 허락을 미리 받아 놓는 것이 좋습니다. 저는 '도란도란 스토리텔링 카드'(더즐거운교육)를 활용했습니다.

● 그림책으로 활동 열기

본격적인 활동을 시작하기 전, 그림책『루빈스타인은 참 예뻐요』(펩 몬세라트 글·그림, 북극곰)를 읽어줍니다. 이 책의 주인공인 루빈스타인은 참 예쁜 여성입니다. 눈은 보석처럼 빛나고, 코는 조각처럼 오뚝하며, 손은 새처럼 우아하고 섬세하죠. 그뿐인가요? 루빈스타인이 걸을 땐 발이 춤을 추는 것 같지요. 하지만 그 누구도 루빈스타인이 예쁘다는 걸 알지 못합니다. 왜일까요? 사실 루빈스타인은 세상에서 유일한, 수염 난 여인이거든요. 사람들은 수염만 바라보느라 정작 루빈스타인이 갖고 있는 수많은 예쁜 점들은 보지 못하고 지나쳐 버리죠. 단 한 사람, 수염이 아닌 루빈스타인 그 자체를 사랑하는 남자 파블로프만 빼고요.

『루빈스타인은 참 예뻐요』는 루빈스타인의 수염만 바라보는 사람들을 직접적으로 비난하지 않아요. 그 대신 루빈스타인의 진정한 아름다움을 알아차린 파블로프의 따뜻한 시선을 강조하죠. 서로의 매력을 아는 그들은 미소를 지으며 함께 손을 잡았고, 오래오래 공원을 천천히 걸어갑니다. 누구보다 당당하게 자신을, 또 서로를 사랑하면서요.

● 나는 참 예뻐요

그림책을 다 읽고 난 뒤, 학생들과 경험을 나눕니다. 자신의 부족한 점만 보고 스스로를 자책했던 일, 친구의 좋은 점보다 좋지 않은 점을 더 많이 바라봤던 일들을 솔직하게 털어놓으며 학생들은 우리 모두 특별한 매력을 가진 '루빈스타인'이자, 그 매력을 알지 못하는 '사람들'이었다는 사실을 자연스럽게 깨닫게 됩니다. 경험 나누기를 끝내며 이렇게 이야기해 줍니다.

"여러분, 이야기를 나누니 어떤 생각이 들었나요? 여러분은 모두 다른 매력을 가진 사람들이에요. 부족하고 고칠 점도 많지만 예쁘고 멋진 점이 더 많은 친구들이기도 합니다. 이제 당당하게 말하세요. 나는 예쁜 점이 많아요! 그리고 따뜻하게 바라보세요. 서로의 예쁜 점을요."

이렇게 수업 분위기를 조성하고 난 뒤에 본격적인 활동을 시작합니다. '나는 참 예뻐요' 활동은 다음과 같이 진행합니다.

① 나의 예쁜 점, 좋은 점을 천천히 생각해 봅니다.
② 패들렛에 있는 다양한 이미지를 살펴보고, 나의 예쁜 점과 어울리는 이미지를 골라봅니다.
③ 내가 고른 이미지 옆에 글을 씁니다. 제목에는 꼭 자기 이름을 쓰고, 내용에는 나의 예쁜 점이 무엇인지를 자세히 남깁니다. 이때, 왜 이 이미지를 골랐는지도 함께 쓰면 더 좋습니다.
④ 글을 다 썼으면 '게시물에 연결하기' 기능을 활용해 이미지와 연결합니다.
⑤ 최소 3개 이상의 예쁜 점을 찾고 글을 쓰도록 합니다.

이미지 카드를 활용한 나의 장점 말하기

● **우리는 모두 예뻐요**

나의 예쁜 점을 모두 썼다면 이제는 서로의 예쁜 점을 확인할 차례입니다. 친구들이 쓴 글을 읽으며 격려와 칭찬이 가득 담긴 댓글을 남깁니다. 이때, 댓글로 장난을 치거나 무심코 상처 주는 말을 하지 않도록 미리 약속합니다. 친구의 예쁜 점을 있는 그대로 수용하고 '우리는 모두 예쁘다'는 것을 알아가는 시간이기 때문입니다. 충분한 활동 시간을 확보해서 반 친구들 모두가 칭찬샤워를 할 수 있도록 독려하는 것이 좋습니다.

● **소감 나누기**

마지막으로 수업 소감문을 씁니다. 소감문은 항상 '배-느-실'(배운 점-느낀 점-실천하고 싶은 점)이 들어가도록 연습합니다. 소감문을 다 작성하고 난 뒤에는 전체적으로 돌아가면서 발표하는 것이 가장 좋습니다. 만약 시간이 부족하다면 짝꿍끼리라도 주고받을 수 있게 해주세요. 자기 소감을 말로 표현하면서 학생들은 수업과 삶을 다시 한번 연결 짓는답니다.

● ● ●

'나는 참 예뻐요' 활동을 하고 나면 학생들은 '나'와 '너'를 넘어 삶 자체를 긍정적으로 바라보는 시선을 갖게 됩니다. 이 수업이 끝나고 한참 지난 뒤, 학생들에게 이런 질문을 던진 적이 있어요. "여러분이 생각하는, 삶이 아름다운 이유는 무엇인가요?"

"사랑과 행복한 감정들을 느끼며 살아가는 우리 자체가 아름다움 아닙니까?"
"삶이 아름다운 이유는 언젠가는 모든 사람들이 행복을 느끼기 때문입니다. 삶이 아름답지 않다면 행복한 시간은 없을 거라 생각합니다. 우리가 웃을 수 있다는 것만으로도 삶은 아름답다고 믿습니다."

이 질문에 대한 학생들의 대답이 곧 '나는 참 예뻐요' 수업을 한 이유가 아닌가 하는 생각이 듭니다. 어떠세요? 우리 친구들, 앞으로도 참 멋지고 당당하게 주어진 삶을 살아갈 것 같지요?

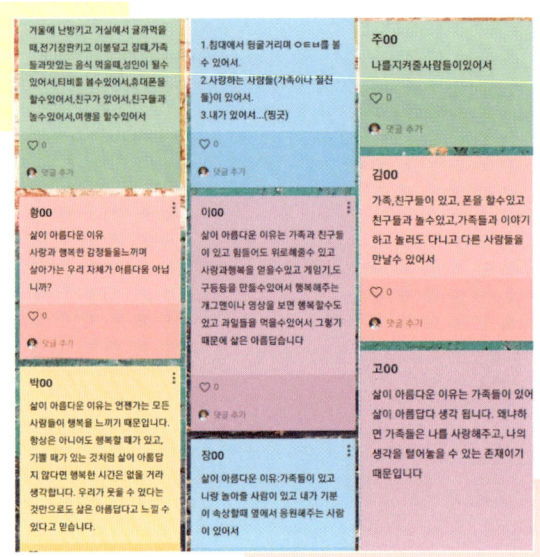

학생들이 생각한 삶이 아름다운 이유

온라인에서 시험을 〈패들렛 쪽지시험〉

수업 형태
온라인 수업

템플릿 형식
셀프

온라인 수업을 하다 보면 아쉬운 부분 중 하나가 평가입니다. 등교 수업과 달리 단원평가나 형성평가를 자유롭게 할 수 없으니 학생들이 학습목표를 잘 달성했는지에 대한 불안감이 항상 남아 있곤 합니다. 이런 불안감을 조금이나마 해결할 수 있는 방법을 소개해 드리려고 합니다. 바로 패들렛으로 보는 쪽지시험입니다.

패들렛 설정하기

쪽지시험에 활용할 패들렛 템플릿은 '셀프(선반)'입니다. '댓글'은 닫아 두고, 반응은 '등급'으로 설정합니다. 이제 쪽지시험을 위한 가장 중요한 설정을 할 차례입니다. 바로 '승인 필요' 활성화입니다. 앞서 설명한 것처럼 '승인 필요'를 활성화하면 선생님의 승인이 나기 전까지 학생들은 서로의 글을 볼 수 없지요. 이 기능을 활용해서 쪽지시험을 볼 예정입니다.

패들렛 설정이 끝나면 컬럼을 만들어 주세요. 첫 번째 컬럼에는 쪽지시험을 볼 문제를 미리 적어주시는 것이 좋습니다. 쪽지시험 시간에 지켜야 할 규칙들도 함께 안내해 주세요. 두 번째 컬럼부터는 학생들이 답을 적는 용도로 활용합니다. 학급 학생 수의 4분의 1 정도로 컬럼을 만들고 컬럼 제목에 학생 번호를 써 주세요. 예를 들어, 전체 24명의 학생이라면 여섯 개의 컬럼을 만든 뒤 '1~6번, 7~12번' 등으로 써 놓으면 됩니다.

● 쪽지시험 안내하기

준비가 끝났으니 쪽지시험을 안내합니다. 시험을 보기 전, 학생들과 아래 내용을 미리 약속하는 것이 좋습니다.

① 제목에 반드시 본인 이름을 씁니다.
② 등급은 선생님만 부여합니다. 학생들은 절대 등급을 건들지 않습니다.
③ 100점 만점에 80점 이상이면 통과입니다. 80점 이상인 친구들은 채팅에 작별 인사를 남기고 조용히 줌(Zoom)을 나갑니다.
④ 80점 미만인 친구는 틀린 답을 수정하고 선생님의 확인을 받은 뒤, 줌을 나갑니다.

이 외에 오픈북 시험인지 아닌지도 미리 말씀해 주세요. 저는 원격 수업의 경우 오픈북을 허용해 주었습니다. 엄격한 시험이라기보다 오늘 배운 것을 복습하고 확인하는 과정이라고 생각했기 때문입니다. 쪽지시험 안내사항은 학급에 따라 융통성 있게 변형하면 됩니다.

● 쪽지시험 보기

이제 본격적으로 쪽지시험을 볼 차례입니다. 쪽지시험은 다음과 같은 순서로 진행됩니다.

교사	쪽지시험을 볼 패들렛 링크를 공유합니다.
	↓
학생	링크에 접속해서 시험 문제를 확인합니다.
	↓
학생	자신의 번호가 쓰인 컬럼을 찾아 시험을 봅니다. 제목에 이름을 쓰고, 내용에는 문제에 대한 정답을 씁니다.
	↓

학생	문제를 다 풀었으면 채팅창에 "다 풀었어요"라고 남깁니다.
교사	학생의 답을 확인하고 등급을 부여합니다.
학생	80점 이상이라면 통과, 미만이라면 남아서 틀린 답을 수정합니다.

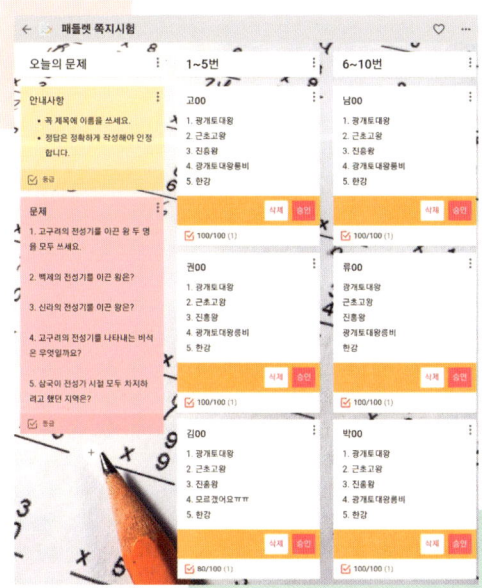

패들렛 활용 쪽지시험

● ● ●

저는 이렇게 패들렛을 학생 개개인의 시험지처럼 활용했습니다. 물론 복잡하고 심화된 형태의 시험을 보는 것은 한계가 있지요. 하지만 학생들이 이 시간에 반드시 알고 넘어가야 하는 내용을 확인하는 상시평가로서의 역할은 충분히 수행했다고 생각합니다. 매일매일 간단한 패들렛 쪽지시험으로 학생들의 수업 이해도를 확인하다 보면 수업을 듣는 학생들의 태도가 확연히 달라지는 것을 느낄 수 있을 것입니다.

3

프랑스의 저명한 철학자 데카르트는 "좋은 책을 읽는 것은 과거 몇 세기의 가장 훌륭한 사람들과 이야기를 나누는 것과 같다."라는 말을 남겼습니다. 그만큼 책을 읽는 것은 학생들의 정신적 성장에 엄청난 도움을 주는 일입니다. 온라인 수업이든, 등교 수업이든 '독서 교육'을 양보할 수 없는 이유가 바로 여기에 있습니다. 의미 있는 독서 교육을 고민하는 선생님들을 위해 여섯 가지 패들렛 활용 사례를 준비했습니다. 학생들이 책에 재미를 붙이기 시작할 때부터 마음을 사로잡는 책을 만날 때까지, 눈부시게 빛나는 매 순간들을 패들렛과 함께 나눠 보세요.

독서 교육

즐겁게 책 탐색하기
〈당신의 책을 가져오세요〉

수업 형태
등교 수업, 온라인 수업

템플릿 형식
셀프

독서 교육의 성패를 좌우하는 것은 '학생들이 책에 흥미를 갖느냐'입니다. 선생님이 아무리 재밌게 읽은 책일지라도 학생들이 책에 재미를 느끼지 못하면 독서 교육은 실패로 돌아갈 공산이 큽니다. 그래서 저는 온책 읽기나 독서 단원을 시작할 때 반드시 하는 활동이 있습니다. 바로 '당신의 책을 가져오세요'라는 활동입니다.

패들렛 설정하기

'당신의 책을 가져오세요'를 하기 위해 패들렛부터 만들어 보겠습니다. 템플릿은 '셀프(선반)' 형식을 선택합니다. 자유로운 의견 교환을 위해 '댓글'과 반응('좋아요')도 활성화합니다. 패들렛의 설정이 끝났다면 첫 번째 컬럼을 추가합니다. 첫 번째 컬럼에는 '당신의 책을 가져오세요'가 어떤 식으로 진행되는지 안내사항을 간단히 적어주는 것이 좋습니다.

● 당신의 책을 가져오세요

'당신의 책을 가져오세요'는 다음과 같은 방법으로 진행됩니다. 원칙은 개별 활동이지만, 상황에 따라 모둠 활동도 충분히 가능합니다. 활동 전에 미리 좋은 주제나 질문을 준비해 놓으면 좀 더 원활하게 진행할 수 있습니다. 활동 시간은 학생 수준에 맞게 융통성 있게 조정합니다.

> **이렇게 즐겨요.**
> 1. 책 하나를 골라서 가져와요.
> 2. 주제를 보고, 책 속에서 어울리는 문장을 찾아요.
> 3. 자신이 고른 문장을 이야기해요.
> 4. 왜 이 문장을 골랐는지 사람들과 이야기 나눠요.

'당신의 책을 가져오세요' 활동 안내

① 학생들이 각자 책을 준비합니다. 온책 읽기 시간이라면 같은 책을 준비합니다. 글밥이 어느 정도 있는 책이 좋습니다.

② 서로 다른 책을 가져온 경우, '이미지 검색' 기능을 활용해 각자 선택한 책의 표지를 두 번째 컬럼에 올립니다. 친구들이 어떤 책을 골랐는지 한눈에 확인할 수 있습니다.

③ 1라운드는 선생님이 출제자가 되어 주제(질문)를 생각합니다. 그리고 컬럼 하나를 추가해서 선택한 주제를 적습니다. (예: "먼 훗날, 나의 묘비명은?")

④ 주어진 시간 동안 학생들은 주제에 어울리는 문장이나 문단을 책에서 찾습니다. 초등학생의 경우, 한 주제당 3~5분 정도가 적당합니다.

⑤ 어울리는 문장을 찾았다면 패들렛에 올립니다. 이때, 제목에 반드시 자기 이름을 적도록 합니다. 만약 제한 시간 안에 문장을 못 찾았다면 무작위로 아무 문장을 선택해 적도록 합니다. 우연이 가져다주는 재미가 있습니다.

⑥ 제한 시간이 끝나면 서로의 문장을 살펴보고, '댓글'과 '좋아요'로 반응합니다.

⑦ 선생님은 학생이 올린 문장 중 인상 깊거나 재밌는 문장을 확인하고 왜 이 문장을 골랐는지 인터뷰합니다.

⑧ 가장 '좋아요'를 많이 받은 문장 또는 출제자의 마음에 든 문장을 쓴 학생이 1점을 받습니다.

⑨ 이번 라운드에서 1점을 받은 학생이 다음 라운드의 출제자가 되어 주제를 이야기하고, 위 과정을 반복합니다.

● **간단하면서도 효과적인 독서활동**

이처럼 '당신의 책을 가져오세요'는 진행도 쉽고 재미도 있는 아주 간단한 활동입니다. 학생들은 주제에 맞는 문장을 찾기 위해 열심히 책을 읽고, 패들렛에 자신이 고른 문장을 올리며 즐거움을 느끼게 되죠. 책 자체가 하나의 놀잇감 역할을 하는 셈입니다. 특히 패들렛을 활용해 실시간으로 서로의 문장을 확인할 수 있기 때문에 학생들은 더 좋은 문장, 더 재밌는 문장을 찾기 위해 최선을 다하게 되죠. 다음은 학생들이 찾은 문장들입니다.

각자 가져온 책에서 주제(질문)에 맞는 문장 찾기 활동

질문	학생이 찾은 문장
나의 올해는?	"분명히 우리한테 숨겨진 능력이 있는 거야. 영화나 책을 보면 다 그래. 주인공한테는 엄청난 능력이 있어. 위기에 닥치면 자기도 모르게 능력이 나와. 장풍, 검술, 에너지파, 비행술 같은 거." (『연이동 원령전』)
선생님과 헤어질 때 하고 싶은 말	"하늘을 나는 방법을 배우는 시간이었어요." (『샤를의 기적』)
시험을 앞둔 내 심정	"아, 오줌이 멈추질 않아." (『방과 후 초능력 클럽』)

어떠세요? 학생들의 톡톡 튀는 감성이 느껴지시나요? 책에 흥미를 느끼기 위해 대체로 독서 전 활동에 많이 활용하는 편이지만, 같은 책을 함께 읽고 난 뒤에 독서 후 활동으로 진행할 수도 있습니다. 이 활동을 한 번 하고 나면 책을 대하는 아이들의 눈빛이 조금은 달라지는 걸 느낄 수 있을 겁니다. 책과 함께 노닐고, 웃고, 떠드는 시간! 그 시간이 얼마나 소중한 것인지 학생들이 꼭 알았으면 좋겠습니다.

[참고] '당신의 책을 가져오세요'에 활용하면 좋은 질문들

번호	질문
1	부모님께 하고 싶은 말
2	새로 만난 짝꿍에게 하고 싶은 말
3	선생님의 첫인상
4	나는 이런 사람이 될 거예요!
5	지금까지의 내 인생을 표현한다면?
6	먼 훗날, 나의 묘비명
7	친구가 실수로 똥을 쌌다. 해주고 싶은 말은?
8	과거의 나에게 해주고 싶은 말
9	선생님이 맨날 하는 잔소리
10	이 책에서 찾은 가장 멋진 문장
11	자고 일어나니 교장선생님이 되었다.
12	행복을 문장으로 표현한다면?
13	나의 올해(작년)는?
14	사랑하는 사람에게 편지를 쓴다. 편지의 첫 문장은?
15	학원에 가기 싫은 날! 부모님을 설득해라.
16	울고 있는 친구에게 건네고 싶은 말
17	내가 짝사랑하는 사람이 문자를 보냈다. 문자의 내용은?
18	우리 집 강아지가 내게 하고 싶어 하는 말은?
19	내가 세상에서 제일 싫어하는 것
20	오늘의 운세

어떤 책일까 〈책 표지 관찰하기〉

수업 형태 등교 수업, 온라인 수업

템플릿 형식 캔버스

저는 책을 읽기 전, 학생들과 꼭 표지를 살펴봅니다. 책에 대한 흥미를 이끌어 내는 데 효과적일 뿐더러 표지 안에 숨어 있는 다양한 정보들을 미리 탐색하는 재미가 있거든요. 특히 예상치 못하게 톡톡 튀어나오는 학생들의 천진난만한 상상력은 책을 읽기도 전에 교실을 웃음바다로 만들기도 하지요. 패들렛을 활용해 조금 '특별한' 그림책 표지 관찰 방법을 소개합니다.

패들렛 설정하기

표지 관찰하기가 자유로운 활동이라 템플릿 역시 가장 자유로운 형식인 '캔버스'를 선택합니다. 이번 시간에는 직접적인 대화를 많이 할 예정이라 '댓글'과 반응은 활성화하지 않습니다. 패들렛 설정 후, 그림책 표지 이미지를 업로드합니다. 이때, 표지를 9~25개로 분할해서 뒤죽박죽 섞어둡니다. 퍼즐처럼 뒤섞인 표지 그림이 책에 대한 학생들의 흥미를 끌어올리는 역할을 합니다. 마지막으로 '프라이버시 변경'에서 방문자 권한을 '편집 가능'으로 바꿔 놓습니다.

● 그림책 표지 관찰하고 질문하기

이번 수업에서 함께 나눌 그림책은 박정섭 작가의 『짝꿍』입니다. 유머러스한 그림과 학생들의 공감을 이끌어 내는 내용 덕분에 오랜 시간 많은 사랑을 받고 있는 그림책이지요. 그림책 표지 퍼즐 맞추기 활동은 다음과 같이 진행합니다.

그림책 표지 분할 방법(포토스케이프)

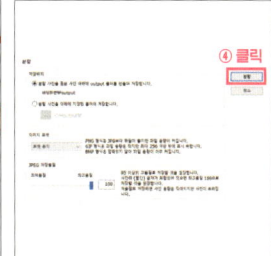

① 모둠 활동으로 진행하는 경우
  - 앞서 설정한 패들렛을 모둠 수만큼 복제합니다.
  - 모둠별로 자기 모둠의 패들렛에 접속한 뒤, 서로 의논하며 퍼즐을 맞춥니다. 이때, 너도나도 다 같이 퍼즐을 맞추려고 하면 오히려 더 맞추기 힘든 상황이 됩니다. 서로 협동해서 잘 맞출 수 있도록 독려합니다.
  - 퍼즐을 다 맞추면 그림책 표지를 관찰합니다.
  - 표지를 보면서 궁금한 점은 '연결하기' 기능을 활용해 브레인스토밍을 합니다.
  - 모둠 활동 시간이 끝나면 전체 친구들에게 모둠에서 모은 질문을 소개합니다.
② 전체 활동으로 진행하는 경우
  - 앞서 설정한 패들렛 하나만 사용합니다.
  - 학급 번호 1번부터 10초 동안 퍼즐을 맞춥니다. 10초가 지나면 2번 친구에게 기회가 넘어갑니다. 이렇게 학급의 모든 친구가 퍼즐 맞추기에 참여합니다.
  - 퍼즐을 완성한 뒤, 모두 함께 그림책 표지를 관찰합니다.
  - 표지를 보면서 궁금한 점은 '연결하기' 기능을 활용해 브레인스토밍을 합니다.
  - 질문 만들기가 끝나면 어떤 질문이 있는지 서로 확인해 봅니다.

이렇게 퍼즐 맞추기를 하다 보면 책에 대한 흥미가 자연스럽게 생길 뿐 아니라, 표지 그림을 오래 자세히 관찰하게 되는 효과가 있습니다. 당연히 표지 그림을 보고 궁금한 점도 훨씬 많아지게 되지요. 질문은 자유롭게 달도록 합니다. 선을 넘지 않는 범위 내에서 다소 엉뚱하거나 황당한 질문도 융통성 있게 수용해 줍니다. 마음껏 상상하고 표현하는 것이 중요한 시간이기 때문입니다. 다음은 학생들이 표지를 관찰하면서 만든 질문들입니다.

- 왜 제목이 '짝꿍'일까?
- 이 아이의 감정은 어떨 것 같아?
- 이 아이는 왜 이렇게 짜증이 났을까?
- 이 아이의 짝꿍은 누구일까?
- 이 아이는 누구랑 손을 잡고 있을까?
- 이 아이의 표정이 왜 이상할까?

표지 관찰하고 질문 만들기

> **활동 Tip**
> - 모둠 활동 시 적절한 퍼즐의 개수는 16개, 전체 활동 시 적절한 퍼즐의 개수는 25개입니다. 학급 상황에 따라 다를 수 있습니다.
> - 전체 활동으로 진행할 경우 학급의 모든 친구들이 협력해서 주어진 시간 안에 퍼즐을 맞추도록 독려해 주세요.

● **질문하고 답하기**

이제 앞에서 모은 질문들로 질문하고 답하기 활동을 할 차례입니다. 짝꿍끼리 질문을 주고받습니다. 가위바위보를 해서 이긴 사람이 먼저 질문하고, 진 사람이 대답합니다. 제한 시간 3분 동안 돌아가며 질문을 주고받도록 합니다. 짝꿍 활동이 끝나면 앞뒤 학생끼리 다시 한번 질문을 주고받습니다. 짝꿍과 주고받은 질문을 해도 되고, 새로운 질문을 건네도 됩니다. 앞뒤 활동이 끝나면 마지막으로 모둠끼리 질문을 주고받습니다. 온라인 수업에서는 2명 또는 4명씩 소회의실로 배정하여 운영할 수 있습니다.

이렇게 질문 나누기를 반복적으로 하는 이유는 자기 생각을 보다 명료화해서 효과적으로 표현하도록 하기 위함입니다. 처음에는 질문에 답하는 것을 어려워하던 친구들도 똑같은 과정을 두세 번 거치게 되면 훨씬 정돈된 형태로 자기 생각을 전달하게 됩니다. '질문하고 답하기'는 생각보다 상당히 고차원적인 활동이므로 충분한 연습 기회를 부여하는 것이 좋습니다.

● ● ●

이런 방식으로 독서 전 활동을 하고 나면 책을 대하는 학생들의 태도가 완전히 달라집니다. 책을 읽으면서 자신이 예상한 내용이 맞는지, 질문에 제대로 대답을 한 건지 확인해야 하거든요. 책을 읽기 전에 책 읽는 마음가짐부터 제대로 만들어 주는 이 활동을 선생님들께서도 꾸준히 활용해 보세요.

그것이 알고 싶다
〈등장인물 분석하기〉

수업 형태
등교 수업, 온라인 수업

템플릿 형식
캔버스

　온책 읽기에서 필수적인 활동 중 하나는 '등장인물 분석'입니다. 사건을 이끌어 가는 등장인물들을 제대로 이해하지 못하면 책에 깊이 빠져들기 힘들기 때문이지요. 등장인물에 대한 간단한 선호도 조사부터 성격 분석, 질문 만들고 답하기와 같은 인물 분석을 통해 학생들은 책의 내용을 삶의 일부분으로 온전히 받아들일 수 있습니다. 패들렛은 이와 같은 활동을 하나의 페이지에서 모두 해결할 수 있게 돕는 아주 훌륭한 온라인 도구입니다.

　이번에 함께 나눈 책은 이규희 작가의 『악플 전쟁』입니다. 5학년 교과서에는 『악플 전쟁』의 일부인 '마녀사냥' 지문만 수록되어 있는데, 워낙 흥미진진하고 재밌는 책이라 전체를 다 읽지 않을 수 없었습니다. 『악플 전쟁』을 쭉 읽고 난 뒤, 패들렛으로 등장인물 분석을 다각도로 해 보았습니다.

패들렛 설정하기

연결하기 기능을 활용해야 하기 때문에 패들렛의 템플릿 형태는 '캔버스'로 선택했습니다. '댓글'은 허용하고, 반응은 '투표'를 선택했습니다. 패들렛 설정을 끝내고, 『악플 전쟁』 주인공들의 삽화를 미리 올려 두었습니다. 그림을 활용하면 좀 더 직관적으로 파악할 수 있고 시각적인 효과도 더할 수 있습니다.

● 등장인물 선호도 조사 및 분석

『악플 전쟁』의 주인공은 세 명입니다. 밝고 긍정적인 성격이었지만 악플과 헛소문으로 인해 무너지는 서영, 질투와 시기심으로 서영이를 괴롭히는 미라, 그리고 서영이와 미라 사이에서 갈등하는 소심한 방관자 민주.

우선 이 세 명에 대해 우리 반 친구들은 어떤 평가를 하는지 궁금했어요. 패들렛의 투표 기능으로 선호도 조사를 해 봤더니 총 13명 중 서영이는 11명에게 '좋아요'를 받은 반면, 미라는 11명에게 '싫어요'를 받아 평가가 극단적으로 엇갈렸습니다. 방관자인 민주 역시 '싫어요'가 7명으로 더 많은 편이었죠.

선호도 조사 후에 각 등장인물에 대한 인상을 댓글로 써보도록 했습니다. 서영이는 "붙임성이 있다. 당당하게 오해를 해명하는 모습이 멋있다. 모든 면에서 월등하다. 흑설공주에게 괴롭힘을 받는 것이 불쌍하다"는 호평을 받았고, 반대로 미라는 "공주병이 심하고 얍삽하다. 질투가 많고 비겁하다. 인성에 문제가 많다." 등의 악평을 받았습니다. 민주에 대해서는 "비겁하다"는 평가와 "왕따를 당해서 불쌍하다"는 의견이 엇갈렸습니다.

● 주인공에게 어울리는 색깔 정하기

각자 인물 분석한 것을 바탕으로 등장인물에게 어울리는 색깔이 무엇인지 골라보는 이미지 놀이를 해 보았습니다. 그 결과 서영이는 따뜻하고 밝지만 어딘지 모르게 쓸쓸한 느낌을 주는 노란색, 미라는 강렬하고 센 느낌의 빨간색, 민주는 확 튀지 않지만 끝내 자신만의 정의를 찾아가는 느낌의 초록색이 어울리는 색으로 선정되었습니다. 이 결정을 토대로 '게시물 색깔 바꾸기 기능'을 활용해 각 등장인물 삽화 게시물의 색깔을 바꿔보았습니다. 색깔을 바꾸니 세 인물의 개성이 더욱 살아나며 각자의 차이점이 훨씬 눈에 띄었습니다.

● **질문 연결하고 핫시팅 하기**

인물 분석을 끝내고 난 뒤, 세 명의 등장인물에게 하고 싶은 질문을 하는 시간을 가졌습니다. 질문 연결하기 활동은 다음과 같이 진행했습니다.

① 질문하고 싶은 등장인물 고르기
② 게시물에 질문 쓰고 올리기
③ 질문한 등장인물의 색깔로 게시물 색깔 변경하기
④ '게시물에 연결하기' 기능 활용해서 질문 연결하기

등장인물에게 질문하기

책을 읽고 등장인물을 분석하는 과정을 먼저 거쳐서인지 아이들은 평소보다 등장인물에게 묻고 싶은 것이 많아 보였습니다. 서영이에게는 "너는 짱오그룹에 대해 어떻게 생각해? 핑공카페에서 싸우지 말고 직접 미라에게 따져보는 건 어때? 힘든 상황에서 어떻게 그렇게 기죽지 않고 당당할 수 있니?" 등의 질문을 남겼고, 미라에게는 "넌 왜 그렇게 당당하지 못하고 인터넷 뒤에서 남의 욕만 하니? 넌 왜 그렇게 질투가 많니? 도대체 왜 서영이를 싫어하는 거야?" 등을 물어봤습니다. 민주에게도 "넌 서영이를 어떻게 생각해? 너도 짱오그룹에 들어가면 서영이를 따돌릴 거니? 넌 왜 그렇게 비겁하니. 그러면 안 되는 거 아냐?" 등의 질문 세례가 이어졌죠.

질문을 모두 만든 뒤에는 이 질문을 바탕으로 핫시팅 형식의 '북 토크쇼'를 진행했습니다. 우리 반에서 가장 장난기 많고 말 잘하는 남자 친구가 "서영이 해보고 싶어요!"라고 손을 번쩍 들기에 앞에 있는 의자에 앉게 했습니다. 제가 그 옆에 앉은 뒤에 패들렛에 있는 질문을 보며 토크쇼를 진행했죠. 아이들이 올린 질문 중 괜찮은 질문들을 제가 골라서 물어보기도 하고, 다른 친구들이 직접 인터뷰를 진행하기도 했습니다. 서영이의 감정에 잘 이입해서 능청스럽게 대답해 준 친구 덕분에 학생들은 인물에 몰입하며 이야기를 적극적으로 해석하는 시간을 가질 수 있었습니다.

● **배경 속으로!**

마지막 활동으로는 패들렛을 활용해 아예 책 속 배경으로 들어가 보는 경험을 했습니다. 그 전에 미리 『악플 전쟁』의 주요무대인 '핑공카페'를 패들렛(스트림 형식)으로 만들어 놓았습니다. 『악플 전쟁』 후반부에는 민주의 양심선언, 서영이의 작별인사, 미라의 사과문까지 '핑공카페'에 연달아 올라오는 상황이 벌어지는데 학생들이 직접 카페 회원이 되어 이 글에 댓글을 달아보는 활동을 해 본 것입니다.

책의 내용대로 가장 먼저 민주의 양심선언 글을 패들렛에 올렸습니다. 그 글을 보고 학생들은 미라를 비난하기도 하고 서영이를 동정하기도 했으며, 민주를 위로하거나 충고의 글을 남기기도 했습니다. 이어서 올라온 서영이의 글에는 격려와 응원의 댓글이 달렸고, 미라의 글에는 "그래도 너무 심했다"는 질책성 댓글이 많이 달렸습니다. 우리 반 친구들의 댓글이 『악플 전쟁』 속 5학년 5반 아이들의 반응과 똑 닮아 있어 신기할 정도였지요. 덕분에 자연스럽게 악플과 거짓 정보, 그리고 말과 글의 중요성에 대해서도 이야기를 나눌 수 있었습니다.

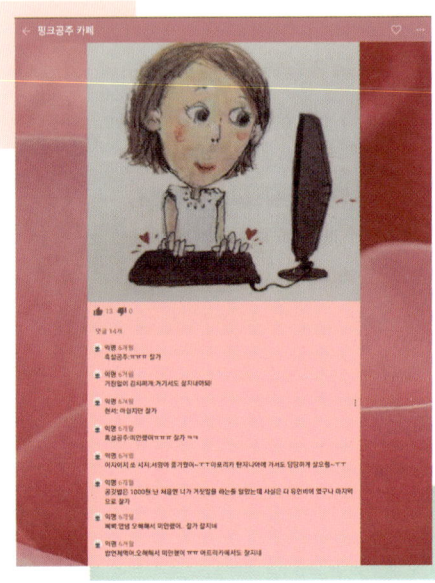

책 속 배경에 참여하기 활동

● ● ●

악플을 소재로 한 책을 읽고 직접 온라인 댓글을 달아 보는 활동은 주제를 이해하는 데 직접적인 도움을 주었습니다. 모둠활동과 토의토론이 쉽지 않은 상황에서도 패들렛을 활용하면 이렇게 즐거운 독서 수업을 진행할 수 있답니다. 중요한 것은 아이들이 책을 손에서 놓지 않는 것, 그리고 그 속에서 함께 소통하고 성장할 수 있도록 돕는 것이 아닐까요?

자유롭게 말하기
〈내 생각은 이래요!〉

수업 형태
등교 수업, 온라인 수업

템플릿 형식
셀프

이은재 작가의 『잘못 뽑은 반장』은 초등학생들이 가장 좋아하는 동화 중 하나입니다. 학급의 골칫거리였다가 '어쩌다 반장'이 되어버린 주인공 이로운의 흥미로운 성장 스토리와 친구 간의 갈등과 화해가 실감 나게 잘 녹아 있어 말하고 싶은 것도, 나누고 싶은 것도 많은 책이지요. 『잘못 뽑은 반장』을 조금 더 깊이 이해하는 시간을 갖고자 패들렛을 활용해 학생들의 생각을 모아 보았습니다.

패들렛 설정하기

패들렛 템플릿으로 '셀프(선반)'를 사용합니다. 미리 여러 가지 질문을 올려놓고, 그에 대한 학생들의 대답을 모으는 형식의 수업은 '셀프'가 가장 적합합니다. '댓글'과 반응('좋아요')도 모두 켜 두었습니다.

패들렛 설정을 끝내고, 컬럼에 미리 다음의 세 가지 질문을 써 놓았습니다.

- 『잘못 뽑은 반장』을 읽고 궁금한 점을 써 봅시다.
- 『잘못 뽑은 반장』에서 여러분이 생각하는 가장 중요한 사건은 무엇인가요?
- 여러분이 생각하는 반장의 덕목은 무엇인가요?

● **질문하고 답하기**

우선 학생들이 각자 집에서 『잘못 뽑은 반장』을 읽도록 했습니다. 그런 다음 패들렛에 접속해 궁금한 점을 써 보는 '질문 만들기' 활동을 진행했습니다. 이때, 그냥 질문을 만들라고 하면 학생들이 어려워하기 때문에 질문을 만드는 형식을 아래와 같이 제시해 주는 것이 좋습니다.

질문 만들기	사실	사실	~이 ~인가?	행동	누가 무엇을/어떻게 했나?
		의미	~는 무슨 뜻인가?	결과	어떤 일이 일어났나?
		느낌	~일에서 너의 느낌은?	비교	어떤 차이가 있나?
		의견	네 생각은? 너의 선택은?	장단점	~을 했을 때 어떤 장단점이 있나?
	상상	가정	~가 ~였다면?	방법	어떻게 해야 할까?
		원인	왜 ~했을까? ~ 원인은?	감정	어떤 마음이었을까?
		생각	어떤 생각이었을까?	가치	~가 중요할까?
	적용	선택	너(나)라면 어떻게 행동/선택할 것인가?		
		판단	너(나)는 ~가 한 행동이 적절한 행동이라고 생각하는가?		
		가치	너(나)에게 중요한 것은 무엇이며 어떻게 살 것인가?		
		가정	네(내)가 ~라면 ~ 할 것인가?		
	종합	변경	내가 주인공이 되어 이야기를 다르게 만들어 보기		
		요약	이야기를 간단히 요약해서 말하기		
		느낌	전체 이야기를 읽고 난 내 느낌 말하기		
		가르침	가장 많이 떠오른 생각과 나에게 주는 가르침은?		

학생들은 이 기준을 바탕으로 다음과 같은 다양한 질문을 만들어 올렸습니다.

- 로운이가 몰랐던 제하의 비밀은 무엇이었니?
- 만약 백희가 반장이 되었다면 로운이는 어떻게 되었을까?
- 로운이가 5학년이 돼서 반장선거에 나가면 또 반장이 될 수 있을까?
- 네가 만약 로운이처럼 반장이 된다면 어떤 일을 하고 싶어?
- 만약 로운이가 우리 반 반장이라면 어떤 말을 해주고 싶어?

제법 멋진 질문들이 많지요? 이렇게 각자 질문을 패들렛에 올리고 난 뒤에는 친구들이 올린 질문에 답글을 다는 시간을 가졌습니다. 친구의 질문을 살펴보고 각자 의견을 적는 활동을 통해 학생들은 책에 대한 다양한 생각들을 풍성하게 나눌 수 있었지요. 이렇듯 자칫 어려울 수 있는 질문 만들기 활동도 패들렛을 활용하면 '즐거운 책놀이'로 변신합니다. 즐거운 대화만큼 재밌는 놀이가 세상에 또 어디 있을까요?

패들렛 학생 활동 결과물

● **생각 나누기**

질문하고 답하기 활동이 끝나고 난 뒤, 나머지 두 가지 활동을 이어 나갔습니다.

① 내가 생각하는 '가장 중요한 사건'

먼저 '내가 생각하는 『잘못 뽑은 반장』 속 가장 중요한 사건 쓰기' 활동을 했습니다. 대부분의 학생들이 선택한 사건은 세 가지 중 하나였습니다. 첫 번째는 로운이가 모두의 예상을 깨고 반장이 된 것, 두 번째는 로운이가 6학년 형들에 맞서 친구들을 구한 것, 세 번째는 로운이와 제하의 극적인 화해입니다.

> 제가 뽑은 가장 중요한 사건은 로운이가 반장이 된 것입니다. 왜냐하면 반장이 될 수 없을 것 같았던 로운이가 반장이 되면서 애들에게도 여러 가지 사건들이 발생했기 때문입니다.

> 제가 생각하는 가장 중요한 사건은 선배 형들을 물리치는 장면이 아닐까 싶습니다. 그때부터 해로운에서 반의 영웅이 됐고, 로운이의 인기가 많아진 것 같습니다.

> 제가 생각하기에는, 제하와 로운이가 화해하고 친해진 것이 중요한 것 같습니다. 제하와 로운이는 많이 싸웠습니다. 하지만 로운이가 합창 준비에 어려움을 느껴 제하에게 사과하고, 제하도 잘못한 점을 이야기 나누면서 둘이 화해하게 됩니다. 제하가 있어서 로운이는 책임감, 용기 등을 배웠기 때문에 이 장면이 가장 중요하다고 생각합니다.

세 장면 모두 이 책의 하이라이트로 꼽을 만큼 흥미진진하고 의미 있는 사건들이죠. 학생들은 미리 의논한 것도 아닌데 각자 선택한 인상 깊은 장면이 거의 일치하자 매우 즐거워했습니다. 나의 의견뿐 아니라 상대의 의견을 실시간으로 확인하고 반응할 수 있는 패들렛의 장점을 다시 한번 느낀 순간이기도 했습니다.

② 내가 생각하는 '반장의 덕목'

이어서 '내가 생각하는 반장의 덕목'도 적어보았습니다.

> 반장에게 필요한 덕목은 부지런함입니다. 왜냐하면 부지런해야지 반장이 해야 할 일을 더 많이 할 수 있기 때문입니다.

> 반장이 지녀야 하는 덕목은 '책임감'입니다. 반장은 반을 대표하고 반에 있는 친구들을 지켜주는 역할입니다. 하지만 반장이 책임감이 없다면, 반에 있는 친구들은 반을 믿지 못하게 될 것입니다. 그래서 저는 반장은 책임감이 있어야 한다고 생각합니다.

> 반장에게 필요한 덕목은 '친절함'입니다. 반장이 친절하고 다정해야 반 친구들도 반장의 말을 잘 듣고, 편안하게 이야기할 수 있기 때문입니다.

학생들이 생각한 반장의 덕목은 책임감, 부지런함, 배려, 친절함, 성실함 등이었습니다. 이때, 패들렛의 구글 이미지 검색을 활용해 이를 이미지로 연결하여 표현해 보게 했습니다. 글뿐만 아니라 이미지로 시각화하니 훨씬 더 풍성하고 다양한 이야기가 나올 수 있었지요. 아이들은 자신이 생각한 반장의 덕목을 올리고 난 뒤에 친구들이 올린 덕목을 살펴보고 '좋아요' 기능을 활용해 서로의 의견에 동의 표시를 했습니다.

● ● ●

이렇듯 늘상 사용하던 포스트잇 대신 패들렛을 활용하면 종이 낭비는 줄이면서도 몰입감 있는 활동이 가능해 학생들의 집중력을 더욱 높일 수 있습니다. 실시간으로 서로의 의견을 공유하는 과정에서 책에 대한 관심과 애정 역시 더 깊어지게 되고요. 블렌디드 수업 활성화를 위해 각 학교에 스마트패드가 전격적으로 보급된 만큼, 대면 수업에서도 패들렛을 적극적으로 활용해 독서 수업을 꾸려 나가시면 좋겠습니다.

다시 만드는 그림책 〈나도 그림책 작가〉

수업 형태: 등교 수업, 온라인 수업

템플릿 형식: 백채널, 스트림

그림책을 보는 재미 중 하나는 삽화입니다. 삽화는 책의 스토리를 더욱 풍성하게 하고, 독자의 상상력을 자극하는 역할을 합니다. 때론 글로 표현되지 않은 그림책 속 숨겨진 이야기를 삽화 속에서 발견하기도 하지요. 이처럼 매력 가득한 그림책 삽화를 활용한 패들렛 수업을 소개합니다. 이번에 함께 할 그림책은 『블랙 독』(레비 핀폴드 글·그림, 북스토리아이)입니다.

패들렛 설정하기

'그림책 읽고 생각 나누기'와 '이야기 재구성하기' 활동에 각각 다른 패들렛을 활용할 예정이므로 패들렛도 두 개를 만들어야 합니다. 설정 내용은 다음과 같습니다.

생각 나누기	● 템플릿: 백채널 ● 반응('좋아요') 활성화 ＊ 백채널은 제목 칸이 없어요. 내용을 쓸 때, 먼저 이름부터 쓰도록 안내해 주세요.
이야기 재구성하기	● 템플릿: 스트림 ● '댓글'과 반응('좋아요') 활성화 ＊ 『블랙 독』의 삽화 중 4~5가지 정도를 콜라주 형태로 미리 올려놓고, 활동 안내를 써 놓습니다. 콜라주는 포토 스케이프의 '페이지'를 활용하면 쉽게 편집할 수 있습니다.

● 그림책 표지 읽기

그림책을 읽기 전, 학생들과 표지를 먼저 살펴봅니다. 표지는 그림책의 정보를 함축적으로 보여주는 가장 중요한 삽화 중 하나입니다. 『블랙 독』

의 앞표지에는 황량한 겨울나무 사이에 빨간 집 한 채가 덩그러니 서 있습니다. 표지 그림에서 어떤 감정이 느껴지는지 나눠봅니다. "쓸쓸해요", "무서워요", "무슨 일이 생길 것 같아요", "평화로워 보여요" 등 다양한 감정들이 쏟아집니다. 학생들의 생각을 충분히 수용하면서 왜 그런 감정이 느껴지는지 함께 이야기하면 좋습니다. 이런 감정들을 토대로 제목과 연계해 어떤 내용이 펼쳐질지도 예상해 봅니다.

> 제목이 블랙 독이라는 걸 보니까 검은 개가 등장할 것 같아요. 외롭게 떨어져 있는 저 집에 검은 개가 찾아와서 가족들을 위로해 주는 내용 아닐까요?

> 그림책 표지에서 막 무슨 일이 터지기 전 같다는 생각이 들었어요. 저 집에 사는 사람들은 개를 무서워하는데 검은 개가 갑자기 나타나서 벌어지는 사건을 다룬 것 같아요.

● 그림책 읽기

이제 삽화를 천천히 살펴보며 『블랙 독』을 함께 읽어볼 차례입니다. 어느 날, 검은 개 한 마리가 호프 아저씨네 가족을 찾아옵니다. 제일 먼저 검은 개를 발견한 호프 아저씨는 "호랑이만 한 검둥개가 나타났다!"라면서 호들갑을 떱니다. 이어서 호프 아주머니, 애들라인, 모리스도 검은 개를 발견하고 난리 법석을 피우지요. 이때 『블랙 독』의 삽화는 매우 중요한 역할을 합니다. 가족들의 걱정과 불안을 먹으며 점점 더 커져가는 검은 개의 모습을 시각적으로 보여주고 있거든요. 공포에 질려가는 가족들의 표정은 정돈되지 않은 집 안 풍경과 어울려 극도의 긴장감을 자아냅니다. 왼쪽 면지의 갈색 삽화들은 마치 만화를 보는 듯한 생동감을 부여해 주고 있고요. 이처럼 독자는 글에서 미처 표현하지 못한 다양한 상황들을 삽화를 통해 풍부하게 전달받을 수 있습니다.

검은 개에 대한 가족들의 공포가 극에 달한 순간, 호프 씨네 막내인 '꼬맹이'가 등장합니다. 꼬맹이는 "에이, 겁쟁이들"이라는 말과 함께 현관문을 벌컥 열고 검은 개를 마주하죠. 그리고 나서 "따라올 테면 따라와 봐. 따라오고 싶으면 덩치를 줄여라."라는 노래를 부르며 검은 개를 끌고 다닙니다. 검은 개는 꼬맹이를 따라 숲과 연못, 놀이터와 고양이 문을 지나면서 점점 작아지는데, 이 모습이 역동적이고 실감 나게 그려집니다. 마치 독자가 검은 개가 되어 꼬맹이를 따라가는 것 같은 느낌을 주죠. 이윽고 보통의 개처럼 작아진 검은 개를 두고 꼬맹이는 가족들에게 말합니다. "무서워할 거 하나도 없어."

● 경험 나누기

그림책을 다 읽고 난 뒤, 삽화들을 살펴보며 다시 한번 내용을 정리합니다. 그리고 다음 주제에 대해 첫 번째 패들렛으로 이야기를 나눴습니다.

- 검은 개처럼 여러분을 불안하고 힘들게 하는 것은 무엇인가요?
- 여러분은 그 상황을 어떻게 극복하나요?

이 활동에서 활용하는 '백채널' 템플릿은 마치 메시지를 주고받는 것 같은 느낌을 주기 때문에 좀 더 편하게 자기 생각을 이야기할 수 있습니다. 다만, 제목 칸이 없어 이름을 적지 못하는 단점이 있으므로 글을 쓸 때 반드시 자기 이름을 먼저 쓰도록 안내하는 것이 좋습니다. 다음은 학생들의 이야기입니다.

> **나를 불안하게 하는 것**

저는 학원 가는 게 힘들어요. 학교 끝나고 놀고 싶은데 학원 숙제도 해야 하고 가서 또 공부해야 하니까 피곤하고 졸려요. 또 숙제가 많은데 못하면 불안하고 점점 더 가기 싫어져요.	저는 코로나가 무서워요. 우리 동네에서도 확진자가 막 생기니까 내가 걸리면 어떡하지 하는 생각도 들고 또 막상 걸리면 나쁜 사람 취급받을 것 같아서 생각만 해도 눈물이 나요.

> **불안한 상황을 극복하는 방법**

웬만하면 숙제를 대충이라도 빨리 해요. 어쨌든 하기만 하면 혼나지는 않고 또 제 마음도 편해져요. 너무너무 가기 싫을 땐 엄마한테 솔직하게 힘들어서 오늘만 안 가고 싶다고 이야기하는데 가끔 허락해 주셔서 좋아요.

무조건 집에 있어요. 집에 있기만 하면 코로나 걸릴 일이 없으니까요. 또 나갈 일이 있으면 무조건 마스크 쓰고 빨리 갔다 와요.

● **이야기 재구성하기**

　첫 번째 활동이 경험 나누기를 통해 그림책의 내용을 이해하는 시간이었다면 두 번째 활동은 이야기를 자유롭게 바꿔보는 시간입니다. 학생들은 두 번째 패들렛에 접속하여 선생님이 제시한 『블랙 독』의 네 가지 삽화를 확인합니다. 그리고 삽화의 순서를 마음대로 바꿔서 개성이 담긴 새로운 이야기를 만들어 냅니다. 학생들의 자유로운 창작활동을 충분히 수용하되 다음과 같은 가이드라인을 미리 제시하는 것이 좋습니다.

　① 『블랙 독』의 주제인 '불안'과 '용기'에 대한 이야기로 구성한다.
　② 제목부터 내용까지 『블랙 독』의 내용과 전혀 다르게 전개할 수 있다.
　③ 네 개의 삽화는 모두 사용한다. 단, 삽화에 없는 내용을 자유롭게 추가해도 좋다.
　④ 누군가를 죽이거나 다치게 하는 등의 폭력적인 묘사는 하지 않는다.

　위와 같은 가이드라인은 황당무계하거나 비교육적인 스토리를 미연에 방지할 뿐 아니라, 작품 주제를 일정하게 유지시킴으로서 창작 수업에 안정감을 부여합니다. 이 틀 안에서 학생들은 마음껏 스토리를 구상하고 이를 표현해 냅니다. 다음은 학생들이 『블랙 독』의 삽화를 활용해 새롭게 만든 이야기입니다.

그림책 다시 쓰기 활동

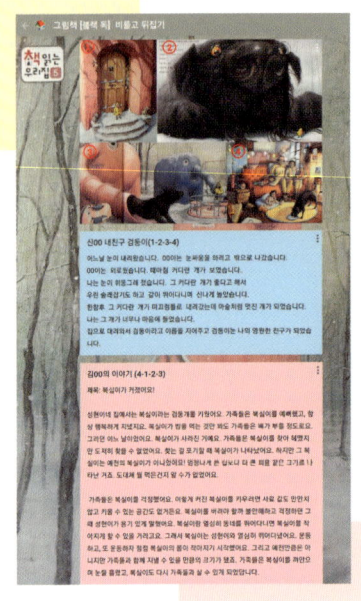

제목: 복실이가 커졌어요!

성현이네 집에서는 복실이라는 검둥개를 키웠어요. 가족들은 복실이를 예뻐했고, 항상 행복하게 지냈지요. 복실이가 밥을 먹는 것만 봐도 가족들은 배가 부를 정도로요. 그러던 어느 날, 복실이가 사라졌어요. 가족들은 복실이를 찾아 헤맸지만 도저히 찾을 수 없었어요. 찾는 걸 포기할 때 복실이가 나타났어요. 하지만 그 복실이는 예전의 복실이가 아니었어요! 엄청나게 큰 집보다 더 큰 괴물 같은 크기로 나타난 거죠. 도대체 뭘 먹은 건지 알 수가 없었어요.

가족들은 복실이를 걱정했어요. 이렇게 커진 복실이를 키우려면 사료 값도 만만치 않고 키울 수 있는 공간도 없거든요. 복실이를 버려야 할까 불안해하고 걱정하던 그때 성현이가 용기 있게 말했어요. 복실이랑 열심히 동네를 뛰어다니면 복실이를 작아지게 할 수 있을 거라고요. 그래서 복실이는 성현이와 열심히 뛰어다녔어요. 운동하고, 또 운동하자 점점 복실이의 몸이 작아지기 시작했어요. 예전만큼은 아니지만 가족들과 함께 지낼 수 있을 만큼의 크기가 됐죠. 가족들은 복실이를 껴안으며 눈물 흘렸고, 복실이도 다시 가족들과 살 수 있게 되었답니다.

●●●

아이들이 완성한 이야기를 보면 꽤 그럴듯해 매번 감탄합니다. 아이들은 각자 이야기를 완성한 다음 다른 친구들의 이야기를 읽어 보고 '댓글'과 '좋아요'로 피드백을 합니다. 서로가 그림책 작가이자 독자로서 역할을 하는 것이지요. 이 같은 과정을 통해 학생들은 단순히 그림책을 읽는 것에서 벗어나 적극적으로 자기 경험을 녹여내고 이야기를 창작하는 즐거움을 누릴 수 있게 됩니다. 그림책으로 상상력을 자극하고, 패들렛으로 자유롭게 표현하게 해주세요. 학생들은 모두 미래의 창작자들이니까요!

내 마음속 한 문장 〈오디오북 만들기〉

수업 형태: 등교 수업, 온라인 수업

템플릿 형식: 타임라인

책을 읽다 보면 가슴을 '톡' 하고 건드리는 잊지 못할 문장들이 있지요. 저는 박완서 작가의 산문집들을 참 많이 좋아하는데요, 그중 『두부』(박완서 지음, 창비)의 '내 안의 언어사대주의 엿보기'라는 글은 언제 읽어도 전기가 찌릿찌릿한 기분이 듭니다.

학교에서 일본어만 써야 했던 일제강점기 시절, 초등학교 5학년이었던 저자는 군인 출신의 일본인 남자를 담임으로 맞이합니다. 군대식의 엄격한 규율과 통제가 익숙한 담임이었으니 얼마나 무서웠을까요? 그러던 어느 날, 그렇게 무서운 선생님의 수업 중에 어머니가 예고 없이 나타납니다. 저자는 그 상황을 '너무 놀라 피가 멎는 것 같았다'라고 회상했지요. 그런데 그 이후의 장면이 일품입니다. 어머니는 일본인 선생님 앞에서 조금도 주눅 들지 않고 당당한 조선말로 외할아버지가 위독하니 딸아이를 데리고 가야한다고 이야기합니다. 품위 있고 장중한 조선말에 선생님의 태도는 그 어느 때보다 친절하고 겸손하게 바뀌었지요. 저자는 그때를 돌이켜 '내 멋대로의 느낌이긴 하지만 조선말이 일본말을 압도한 것'처럼 느꼈다고 적었습니다.

박완서 작가가 그러했듯이 2003년, 이 문장을 읽던 고3 시절의 저 역시 감동으로 오싹 소름이 돋는 경험을 했습니다. 그 기억을 떠올리다 문득 궁금해졌습니다. '학생들도 책을 읽으며 이런 경험을 하지 않았을까?' 이런 호기심으로 시작한 활동이 바로 '패들렛 오디오북 만들기'입니다.

패들렛 설정하기

오디오북에 활용한 패들렛 템플릿은 '타임라인'입니다. 순서대로 학생들의 오디오북을 게시하고 감상하기에 가장 좋은 템플릿입니다. '댓글'은 비활성화하였고, 반응('좋아요)만 켜 두었습니다. 학급 상황에 맞게 설정은 조정하시면 됩니다.

● 오디오북 녹음하기

학생들에게 고3 시절의 제 경험을 들려주며 오디오북 활동을 안내했습니다. "여러분도 책을 읽으며 가슴이 쿵 하고 내려앉거나 몸에 소름이 돋은 적이 있나요? 지금까지 읽은 책들을 다시 한번 생각해 보고 가장 기억에 남는 문장을 골라 소개해 봅시다."

그 후, 학생들은 각자 집과 학교를 오가며 읽은 책 중 기억에 남는 문장들을 골라 차곡차곡 패들렛에 기록했습니다. 기록 방식은 다음과 같습니다.

① 기억에 남는 책 속 문장을 고릅니다.
② 패들렛의 '오디오 레코더 기능'을 켜고, 인상 깊은 문장을 또박또박 읽습니다.
③ 녹음을 마쳤다면 저장 버튼을 누릅니다.
④ 제목에 이름을 쓴 뒤, 내용에는 왜 이 문장이 인상 깊었는지를 간단하게 기록합니다.

● 오디오북 함께 듣기

학생들이 녹음한 오디오북은 녹음 파일로 패들렛에 남아 있습니다. 재생 버튼을 누르면 언제나 누구든지 오디오북을 들을 수 있지요. 학생들이 기록한 오디오북은 제가 미리 들어두었다가 괜찮은 문장들을 골라 아침 열기 시간에 함께 듣기도 했습니다. 자신의 목소리가 담긴 오디오북에 학생들은 쑥

스러워하기도 했지만 이내 책의 내용에 관심을 갖고 이런저런 질문들을 서로 주고받기도 하더군요. 책을 나누는 또 하나의 방식을 발견한 것 같아 내심 기뻤습니다.

우리 반 오디오북 활동

• • •

내가 감동받은 문장에 다른 사람도 감동할 수 있다는 것! 이 소중한 경험 하나가 책을 더 많이 사랑하고 깊게 탐색하는 계기가 될 거라 생각합니다. 학생들이 책에 관심과 애정을 가지며 살아갈 수 있기를, 책을 사랑하는 선생님으로서 바라고 또 바라봅니다.

4

교육의 목표 중 하나는 공동체에 이바지하는 민주시민을 길러내는 것입니다. 민주시민의 자질 중 하나인 '의사소통역량'을 기르는 데 도움이 되는 것은 역시 토론 교육입니다. 민주적이고 합리적인 의사소통 과정 속에서 공동의 문제를 해결하고 나름의 대안을 제시하는 의미 있는 경험을 하게 되기 때문이지요. 요즘과 같은 비대면, 비접촉 상황에서 어떻게 하면 제대로 된 토론 수업을 할 수 있을까 고민하며 누구나 할 수 있는 여섯 가지 패들렛 토론 사례를 준비했습니다. '브레인스토밍'부터 '신호등 토론'까지 학생들이 가장 좋아하는 토론들을 소개합니다.

토론 교육

생각을 모아요
〈브레인스토밍 토론〉

수업 형태
등교 수업, 온라인 수업

템플릿 형식
캔버스

토론의 시작은 생각을 모으고 이를 표현하는 것입니다. 자유롭게 자기 의견을 말하고 상대의 의견을 존중하는 분위기가 형성되지 않으면 원활한 토론은 불가능하지요. 이런 의미에서 브레인스토밍은 토론의 첫 과정에 가장 어울리는 형식입니다. 이를 통해 학생들은 토론의 기본을 배우고 더 심화된 형태의 다양한 토론에 재미를 붙이게 됩니다.

● '브레인스토밍 토론'이란?

브레인스토밍은 널리 알려진 대로 한 가지 주제에 대해 자유롭게 토론하며 대안을 찾아내는 방식입니다. '질 보다 양'이라는 원칙 속에서 대안의 질적 수준이나 실현 가능성을 따지지 않고 가능한 한 많은 아이디어를 찾아내는 것을 목적으로 하지요. 다만, 다음과 같은 네 가지 원칙은 반드시 존중합니다.

① 서로가 낸 아이디어를 평가하거나 비판해서는 안 된다.
② 엉뚱하거나 실현 가능성이 적은 아이디어도 모두 수용한다.
③ 아이디어는 많으면 많을수록 좋다.
④ 다른 사람이 낸 아이디어에 내 생각을 더해서 수정·보완할 수 있다.

브레인스토밍의 가장 좋은 점은 토론자의 부담이 현저히 적다는 것입니다. 다른 이의 의견에 우호적인 반응을 보이기 때문에 모두 즐겁게 참여할 수 있으며, 평소 발표를 힘들어하던 친구들의 의견도 쉽게 들을 수 있습니다. 이 형식을 활용해 패들렛으로 토론 입문 수업을 하면 참 좋습니다.

패들렛 설정하기

브레인스토밍에 활용되는 패들렛 템플릿은 '캔버스'입니다. 가장 자유로운 템플릿이지요. 브레인스토밍의 핵심은 자유로운 의견 개진이기 때문에 형식도 가장 자유로운 것을 선택하는 것이 좋습니다. '댓글'과 '반응'은 모두 비활성화했습니다.

● **생각 모으기**

브레인스토밍 토론을 시작하기 전, 먼저 토론에 대한 학생들의 생각을 물었습니다. 학생들은 대부분 '어렵다' '부담 된다' '초등학생들은 하기 힘들다' '말하는 사람만 말한다' 등의 이야기를 쏟아냈습니다. 이 같은 어려움은 사실 학생들뿐 아니라 어른들도 마찬가지로 겪는 것입니다.

"그래요, 토론이라는 것은 참 어렵죠. 하지만 지금 여러분들이 이렇게 자기 생각을 거침없이 말하는 것 역시 토론의 한 영역입니다. 오늘은 자유롭게 말하는 브레인스토밍 토론을 해 볼 거예요. 패들렛에 다양한 생각들을 부담 없이 쏟아내면 됩니다."

학생들에게 이렇게 이야기하고 나서 앞서 소개한 브레인스토밍의 4대 원칙을 자세히 안내했습니다. 그런 다음 '토의나 토론을 하면서 힘들었던 점'을 패들렛에 써 보게 했습니다. 어떤 상황에서 토론이 힘들었는지를 알아야 그것을 해결할 대안도 찾을 수 있으니까요. 학생들이 모은 의견은 다음과 같습니다.

토의 토론을 하면서 겪은 어려움

    학생들의 의견을 다양하게 모은 뒤, 나온 의견을 세 가지 범주로 유목화했습니다. '의견이나 근거와 관련한 문제' '진행과 관련한 문제' '태도와 관련한 문제'라는 범주를 만들고 패들렛의 '연결하기' 기능을 활용해 유목화를 진행했습니다. 유목화를 할 때에도 학생들의 의견을 물어가며 진행하는 것이 좋습니다. 이 문제는 어떤 범주에 속하는지, 또 다른 범주를 만들어야 하는지를 하나하나 짚어가니 학생들도 자연스럽게 수업에 집중하더군요.

활동 Tip

유목화 작업은 교사 주도로 전체 진행을 하는 것이 좋습니다. 학생 개인이 유목화 작업에 참여하게 되면 오히려 분위기가 혼란스러워집니다.

● **대안 찾기**

    문제점을 파악했으니 이제 대안을 찾을 차례입니다. 세 가지로 유목화한 내용을 바탕으로 학생들에게 이러한 문제점을 해결할 수 있는 방법을 쓰고 연결하기 기능으로 분류해 보도록 했습니다. 다음은 학생들이 찾은 대안들입니다.

〈원활한 토의토론을 위한 대안〉
- 주제를 정확히 파악하고 이에 대해서 이야기한다.
- 친구들의 의견을 존중하고 토론 예절을 지킨다.
- 토론에 적극적으로 참여한다.
- 토론 절차를 잘 지키고, 적절하게 시간 배분을 한다.

학생들이 찾은 이 대안들을 토대로 우리 반이 토론할 때 지켜야 하는 세 가지 원칙을 함께 정하고 약속하면서 활동을 마무리했습니다.

① 우리는 토론을 할 때 정확한 주장과 근거를 대고, 나와 다른 의견을 존중한다.
② 스스로 생각하고 의견을 말하려고 노력한다.
③ 다른 사람의 말을 경청하고 친구들과 협동하는 것을 중요히 여긴다.

● ● ●

브레인스토밍 토론이 끝나고 학생들은 신기해했습니다. 토론 시간에 이렇게 부담 없이 자기 의견을 이야기하고 원활하게 해결책을 찾은 적은 처음이라면서요. 그러면서 뒤에 이어질 토론 수업에 기대감을 표하기도 했지요. 학생들에게 우선적으로 필요한 것은 토론에 대한 긍정적인 경험입니다. 패들렛을 활용해 쉽고 간단히 토론 수업을 시작해 보세요. 누구보다 토론을 즐기는 학생들의 모습을 발견하시게 될 겁니다.

이미지로 말해요
〈포토스탠딩 토론〉

수업 형태
등교 수업, 온라인 수업

템플릿 형식
그리드

요즘은 '이미지의 시대'라고 합니다. 구구절절 긴 문장을 쓰기보다 이미지 한 장으로 자신이 전달하고 싶은 것을 말하는 시대이기 때문이지요. 이렇듯 이미지를 활용해 서로의 생각을 주고받는 토론 형식이 있습니다. 바로 '포토스탠딩 토론'입니다.

● '포토스탠딩 토론'이란?

포토스탠딩은 공통의 토론 주제에 대한 자신의 의견을 이미지와 연결하여 개진하는 토론 방법입니다. 주제와 이미지를 강제로 연결 짓는 작업을 해야 하기 때문에 상당히 창의적이고 논리적인 사고를 필요로 합니다. 다만, 브레인스토밍 토론처럼 큰 부담 없이 참여할 수 있는 형식이기에 학생들이 가장 선호하는 토론이기도 합니다. 특히 패들렛은 구글 이미지를 직접 검색해서 활용할 수 있기 때문에 온·오프라인을 막론하고 포토스탠딩 토론을 진행하는 데 최적화된 도구입니다.

패들렛 설정하기

이 토론에는 패들렛 템플릿 중 '그리드'를 활용합니다. 글을 가로로 정렬해 주는 그리드는 깔끔하면서도 가독성이 좋아 다수의 의견을 동시에 정리할 때 매우 좋은 형식입니다. '댓글'과 반응은 학급 상황에 따라 융통성 있게 설정하시면 됩니다. 저는 토론 수업만큼은 댓글로 반응하는 것보다 직접 말하는 시간을 가졌으면 하여 활성화하지 않았습니다.

● **평화를 생각하다**

2020년 6월 15일은 '6.15 남북공동선언' 20주년이 되는 해였습니다. 학생들과 이 이야기를 하지 않고 넘어갈 수 없었습니다. 6.15 남북공동선언은 남북의 첫 정상회담이라는 역사적인 사건일 뿐 아니라 '평화'라는 가치를 소중히 여길 수 있는 뜻깊은 기회였기 때문입니다. 최근 최악의 상황으로 치닫고 있는 남북관계의 현실 속에서 평화라는 것이 얼마나 소중한 것인지를 아이들과 이야기 나누고 싶었습니다.

우선 자료를 활용해 6.15 남북공동선언의 과정을 쭉 살피며 역사적 의미를 되새겨 보고, 2018년 평화 분위기가 한창 물올랐을 때의 따뜻한 남북관계를 살펴보았습니다. 그다음 평화가 위협받는 작금의 현실을 직시하면서, 평화가 깨지면 어떠한 일이 벌어질지 생각해 보는 시간을 가졌지요.

"지금 당장 우리가 누리는 평화가 깨진다면 어떤 일이 벌어질까요?"
"전쟁이 나요. 건물도 파괴되고 우리도 총을 들고 싸워야 돼요."
"사람들이 죽고, 가족들과 헤어질 수 있어요."
"전쟁 나면 먹을 게 없어서 굶어 죽는 사람도 있다고 들었어요."

평화가 깨질 때 우리가 받게 될 고통을 학생들은 생각보다 잘 알고 있었습니다.

● **전쟁의 아픔을 통해 평화를 이야기하는 영상**

이를 보다 실감 나게 느끼기 위해 두 편의 영상을 시청했습니다.

첫 번째는 〈개그콘서트〉 뮤지컬 '현충일' 편입니다. 갑작스럽게 전쟁이 터지면서 엉겁결에 군대에 끌려간 청춘들과 그들의 희생을 그려낸 이 에피소드는 평화를 잃어버린 현실을 이해하는 데 부족함이 없는 영상 자료입니다.

개그맨들의 명연기와 탄탄한 스토리라인이 일품입니다.

두 번째는 전쟁 속에서 생사도 모른 채 흩어져 버린 '이산가족 찾기' 영상입니다. 학생들 대부분은 이산가족에 대해 남과 북으로 갈라져 못 만나는 가족이라고 알고 있었는데, 좀 더 정확하게 말하면 전쟁 등으로 흩어지게 된 가족을 일컫는 것이라고 정정해 주었습니다. 그러면서 같은 남한 땅에서 살고 있지만 서로 만나지 못한 사람들 역시 이산가족임을 상기시켜 주었지요. 전쟁통에 강제로 엄마와 헤어졌다가 30년 뒤 우여곡절 끝에 재회한 이산가족의 모습을 보며 몇몇 학생들은 눈물을 흘리기도 했습니다. 그리움과 아픔이 절절히 묻어나는 영상을 보며 전쟁이 얼마나 무서운 것인지, 또 평화가 얼마나 소중한 것인지를 학생들은 더 깊이 이해하게 되었지요.

<개그콘서트> 뮤지컬 '현충일' 편(왼쪽), 이산가족 상봉(오른쪽) 영상 QR코드

● **내가 생각하는 평화란?**

역사 자료와 영상을 보면서 평화에 대해 생각하는 계기를 마련한 다음 패들렛을 활용해 포토스탠딩 토론을 진행했습니다. 학생들은 다음과 같은 순서로 토론에 참여하였습니다.

① 선생님이 공유한 패들렛 링크에 접속합니다.
② 평화를 무엇에 비유할 수 있을지 생각해 보고 '평화란 ○○다.'라는 문장을 만듭니다.
③ 패들렛의 '구글 검색' 기능을 활용해 이미지를 찾아 업로드합니다. 예를 들어,

'평화는 장미다.'라는 문장을 만들었다면 장미꽃 사진을 업로드합니다.
④ 제목에 이름을 쓰고, 내용에 왜 그렇게 생각했는지 자신의 의견을 간단하게 정리해서 남깁니다.

학생들은 평화를 다음과 같은 이미지로 정의했습니다.

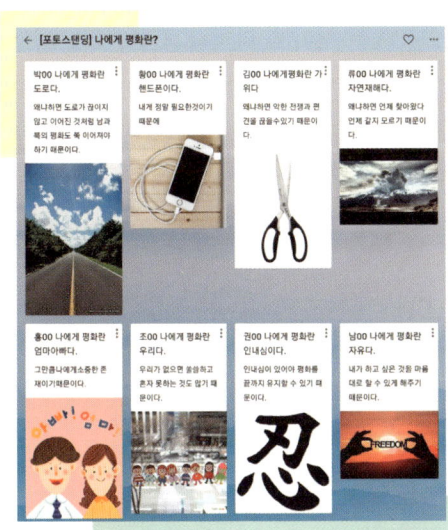

포토스탠딩 토론 '나에게 평화란?'

학생 1	평화는 도로다. 왜냐하면 도로가 끊이지 않고 이어진 것처럼 남과 북의 평화도 쭉 이어져야 하기 때문이다.
학생 2	평화는 스마트폰이다. 왜냐하면 내게 정말 필요한 것이기 때문이다.
학생 3	평화는 가위다. 왜냐하면 악한 전쟁과 편견을 끊을 수 있기 때문이다.
학생 4	평화는 자연재해다. 왜냐하면 언제 찾아왔다 언제 갈지 모르기 때문이다.
학생 5	평화는 엄마아빠다. 왜냐하면 그만큼 나에게 소중하기 때문이다.

> **활동 Tip**
>
> 선생님이 미리 이미지를 올려놓고 그중에서 하나를 고르게 해도 좋습니다. '강제결합법'을 통해 학생들의 생각을 더욱 자극할 수 있습니다. 이때는 선택한 이미지 밑에 댓글로 의견을 남기게 합니다.

이어서 짝 토론을 했습니다. 각자 패들렛에 적은 평화의 정의와 이미지를 짝에게 보여주고 의견을 개진하는 방식으로 진행되었습니다. 포토스탠딩 토론은 찬반 토론이 아니기 때문에 상대의 생각을 비판하거나 반대하지 않습니다. 대신 서로의 의견을 잘 듣고 궁금한 점이나 보충하고 싶은 내용을 추가로 말합니다. 시간적 여유가 있다면 짝 토론에 이어 앞뒤 학생과 함께 모둠 토론까지 진행하는 것이 좋습니다. 자기 생각을 정리하고 말하는 기회를 여러 번 부여할 수 있기 때문입니다. 돌아가며 발표하고 경청하는 과정에서 학생들은 자연스럽게 토론의 재미를 느끼게 됩니다.

● ● ●

포토스탠딩 토론을 마무리하면서 학생들에게 소감을 물었습니다. 그중 한 학생의 소감이 오래도록 제 기억에 남아 있습니다.

"이미지로 제 생각을 표현해 보는 것이 참 재밌었어요. 예전엔 토론이 싫었어요. 내 이야기를 하는 것도 부담스럽고 무서웠어요. 그런데 이렇게 패들렛으로 토론을 하니까 제가 되게 토론을 잘하는 사람처럼 느껴졌어요. 앞으로는 토론을 더 잘할 수 있을 것 같아요."

이렇듯 패들렛으로 부담 없이 쓰고, 짝꿍과 자유롭게 이야기하며 학생들은 한 뼘 더 성장하게 된답니다. 선생님께서도 토론 수업을 너무 걱정하지 마세요. 학생들은 의외로 토론을 사랑하고 즐기고 있으니까요!

함께 고민해요
〈롤링페이퍼 토론〉

수업 형태
등교 수업,
온라인 수업

템플릿 형식
셀프

살아가면서 누구에게나 근심 걱정은 있기 마련입니다. 학생들도 예외는 아닙니다. 친구, 성적, 가족 등 그 나이대라면 누구나 겪는 걱정과 고민들이 학창시절 내내 끊이지 않고 이어집니다. 이 과정에서 학생들은 나름의 해결 방법을 찾으며 점점 성숙해지지요. 하지만 문제는 모든 걱정을 혼자 짊어지며 끙끙 앓을 때 벌어집니다. 부모님께, 선생님께, 친구들에게 도움을 구하면 쉽게 해결될 문제일 수도 있는데 말이지요. 어쩌면 지금 학생들에게 필요한 것은 '함께 고민하고, 함께 해결하는' 경험 아닐까요? 이 소중한 경험을 할 수 있는 패들렛 활용 '롤링페이퍼 토론'을 소개합니다.

● **'롤링페이퍼 토론'이란?**

롤링페이퍼 토론은 문제 상황에 대해 돌아가면서 자기 의견을 적으며 해결책을 찾아가는 토론입니다. 하나의 문제를 놓고 다양한 해결책들을 브레인스토밍 식으로 쏟아내며 보다 합리적이고 창의적인 대안을 찾을 수 있다는 장점이 있지요. 또한 생각을 말이 아닌 글로 표현하기 때문에 토론을 부담스러워하는 친구들 역시 적극적으로 참여합니다.

패들렛 설정하기

롤링페이퍼 토론에 어울리는 템플릿은 '셸프(선반)'입니다. 각자의 고민과 걱정들을 적고 돌아가며 해결 방법을 적기에 적합한 형식이지요. '댓글'과 반응은 굳이 필요하지 않기 때문에 활성화하지 않습니다. 컬럼은 학급 인원수만큼 만들고, 컬럼 제목에는 숫자를 씁니다.

● 그림책으로 열기

롤링페이퍼 토론의 핵심은 따뜻하고 명확한 조언입니다. 하지만 제대로 된 조언을 하는 것은 생각보다 쉽지 않은 일입니다. 상대방의 문제를 잘 파악해야 하고, 배려 있게 이야기해야 하는, 아주 고차원적인 의사소통 중 하나이기 때문입니다. 원활한 토론을 위해 그림책으로 조언하기 방법을 먼저 공부했습니다. 활용한 그림책은 『내 말 좀 들어주세요, 제발』(하인츠 야니쉬 글, 질케 레플러 그림, 상상스쿨)입니다. 내용이 흥미진진한 그림책은 아니지만 자기 고민을 말하지도 못한 채 다른 사람들의 섣부른 조언으로 고생하는 곰의 모습이 은근한 웃음을 유발하는 작품이지요.

그림책을 함께 읽다가 결말 부분을 남겨 놓고 잠시 책을 덮습니다. 그리고 학생들은 곰이 말하고 싶은 문제가 과연 무엇일지 상상해서 씁니다. 자신이 생각한 곰의 고민을 적은 뒤에는 짝이나 모둠끼리 이야기를 나눕니다. 저는 전체 발표 전에 짝 발표나 모둠 발표를 먼저 진행하는 편입니다. 그래야 모든 학생이 고루 말하고, 들을 수 있는 기회를 갖게 되거든요. 짝 발표와 모둠 발표가 끝난 후 그중에서 재밌거나 기발한 내용을 쓴 친구들이 전체 발표를 하면 수업 분위기도 훨씬 살아나게 됩니다. 학생들의 발표가 마무리되면 그림책의 결말 부분을 함께 읽으며 마지막 내용을 확인합니다.

● 올바르게 조언하는 법 알기

그림책을 다 읽고 난 뒤 '올바른 조언'이라는 것은 무엇일까 함께 생각해 봅니다. 그림책에서 파리를 제외한 나머지 등장인물들의 해결책은 곰의 고민을 해결하는 데 전혀 도움이 되지 않습니다. 등장인물들은 각자 최선을 다해 곰을 돕고자 했지만 오히려 곰을 힘들게 하거나, 거추장스럽게 만들 뿐이었죠. 이 장면들을 생각하면서 왜 그들의 조언이 도움되지 않았는지 이야기를 나눠 봅니다. 이때에도 몇몇 친구들이 손들고 발표하는 기계적인 순서는 지양합니다. 짝끼리, 모둠끼리 끊임없이 이야기하면서 올바르게 조언하는 방법이 무엇인지 스스로 찾도록 돕습니다. 대화를 통해 학생들은 깊게 이해하고 더 많이 성장합니다. 이 과정을 거쳐 학급 모두가 합의하는 '조언하기 방법'을 다음과 같이 약속했습니다.

> - 상대의 고민을 무시하거나 제멋대로 판단하지 않는다.
> - 상대에게 도움이 되도록 배려하며 조언한다.
> - 상대에게 진심이 전해지도록 노력한다.

● 롤링페이퍼 토론하기

이제 본격적으로 패들렛을 활용해 서로의 고민을 나누고 해결할 차례입니다. 토론 전, 잔잔한 배경음악을 깔고 학생들에게 이렇게 말했습니다.

"여러분. 앞선 활동에서 우리는 다른 사람에게 조언하는 법을 배웠습니다. 이제 실제로 내 고민을 친구들에게 털어놓고, 또 친구들의 고민에 조언을 해 보는 시간을 가질 거예요. 그 전에 잠깐 눈을 감고 생각해 봅시다. 요즘 여러분의 고민은 뭔가요? 사소한 무엇이든 좋아요. 학원 가기 싫은 것, 친구와 사이가 안 좋은 것 등 각자의 고민을 용기 있게 털어놓아 봅시다. 그리고 친구들의 고민을 함께 해결해 봅시다. 자, 이제 눈을 뜨고 진지하게 자기 고민을 패들렛에 남겨 보겠습니다."

이런 시간을 갖는 이유는 몇몇 학생들이 "고민 없는데요", "아무 생각 없는데요" 등과 같은 싱거운 반응을 보여 수업 분위기를 흐트러뜨리지 않도록 하기 위해서입니다. 아주 사소한 고민도 괜찮으니 진지하게 이 활동에 임해

줬으면 한다는 메시지를 미리 던지면 수업 분위기도 한층 살아납니다. 롤링 페이퍼 토론은 다음과 같이 진행합니다.

① 각자 제비뽑기로 번호를 뽑습니다.
② 본인의 번호가 적힌 컬럼 밑에 고민을 씁니다. 이때 제목에 이름을 적지 않고 익명으로 씁니다. 고민을 쓴 피드 색깔은 분홍색으로 통일합니다.
③ 모두가 고민을 썼다면 자신의 다음 번호 친구가 쓴 고민을 천천히 읽어봅니다. (예: 1번 학생은 2번 학생이 남긴 고민을 확인합니다.)
④ 고민에 대한 해결책을 생각하고 조언을 씁니다. 이때, 제목에는 반드시 본인 이름을 씁니다. 조언에는 책임이 따르고 그 책임은 본인이 오롯이 진다는 것을 이해시키기 위함입니다. 조언을 쓴 피드 색깔은 초록색으로 통일합니다.
⑤ 위와 같은 방법으로 최소 3명 이상의 고민을 읽고 조언을 합니다.

조언하기 활동이 마무리되면 친구들이 써 준 해결 방법을 천천히 읽고, 이를 종합한 나만의 해결 방법을 정리해 봅니다. 이를 통해 학생들은 친구들의 조언을 무조건적으로 받아들이는 것이 아니라 '나의 방식'으로 해석하고 반영한 결론을 내리게 됩니다. 모든 행동에 대한 책임은 내가 지는 것임을 간접적으로 이해하는 과정이기도 하지요.

나의 고민: 친했던 친구가 요즘 좀 차가운 것 같아. 어떻게 해야 할지 모르겠어.
롤링페이퍼 토론 후 내린 결론: 친구들이 조언해 준 대로 역시 친구랑 대화해 봐야겠다. 어쩌면 내가 괜히 더 거리를 두고 친구를 오해하고 있을 수도 있다는 생각이 들었다. 친구가 나를 소중하게 여긴다면 문자든, 말이든 부딪쳐 보고 싶다.

롤링페이퍼 토론

● ● ●

　롤링페이퍼 토론을 마치고 나면 학생들이 참 많이 달라 보입니다. 이런저런 걱정들을 견뎌내면서 나름의 삶을 잘 살아가고 있는 것이 기특하기도 하고, 다른 사람의 고민을 진지하게 살피며 열심히 조언해 주는 모습이 고맙기도 합니다. 자신만의 인생을 멋지게 잘 살아가는 교실 속 모든 학생에게 이 말을 꼭 전해 주세요.

　"실패와 좌절이 있더라도 포기하지 마세요. 여러분은 그것을 이겨낼 힘이 있는 사람들입니다!"

정답을 맞혀요 〈만장일치 토론〉

수업 형태
등교 수업, 온라인 수업

템플릿 형식
셀프

    미국의 항공우주국(NASA)이 고안한 '달에서 길을 잃다'라는 활동을 아시나요? 달에 불시착한 우주인이 우주선에 남아 있는 15가지 물건 중 우선순위를 정해 원래 도착지점까지 생존해야 한다는 설정의 활동이지요. 재밌는 것은 우주에서 살아남기 위해 필요한 물건의 순위가 이미 정해져 있다는 것입니다. 학생들은 토론을 통해 물건의 우선순위를 정한 뒤, 본인이 정한 우선순위가 정답과 일치하는지 확인하는 과정을 거칩니다. 정답이 있는 공통의 문제를 의사소통으로 풀어가는 쏠쏠한 재미가 있는 토론 형식입니다.

- **'만장일치 토론'이란?**

    정답이 있는 순위 결정의 상황을 제시하고, 학생들이 나름의 토론 과정을 거쳐 결론을 내리는 형식을 '만장일치 토론'이라고 합니다. 참가자들은 자신의 의견을 이야기하거나 상대의 의견을 거부할 권리를 가지기 때문에 모두가 '합의된' 결과를 만들기 위해 논리적이고 치열한 설득의 과정을 경험하게 되지요. 앞서 소개한 브레인스토밍이나 포토스탠딩과는 달리 끊임없이 서로의 생각과 의견을 점검해야 한다는 점에서 꾸준한 연습이 필요한 토론이기도 합니다. 저희 반은 등교 수업 기간에 위에 소개한 '달에서 길을 잃다' 활동으로 첫 번째 만장일치 토론을 경험해 보았고, 원격 수업 기간에 다시 한

번 패들렛을 활용해 만장일치 토론을 연습하였습니다.

패들렛 설정하기

만장일치 토론에서 활용할 패들렛 템플릿은 '셸프(선반)'입니다. 모둠별로 내린 결론을 차례대로 쓰고 이를 한눈에 비교하기 용이한 형식이죠. '댓글'은 꺼두었지만 반응은 등급('최고 10점')으로 활성화해 놓았습니다. 또 하나, 빼놓으면 안 되는 설정이 있습니다. 바로 '승인 필요'입니다. 각 모둠이 서로의 답을 확인하지 못하도록 '승인 필요'를 활성화해야 합니다. 설정이 끝났다면 모둠 수만큼 컬럼을 만들고 컬럼 제목을 '1모둠, 2모둠…'으로 바꿔 놓습니다.

● **순위 결정 상황과 개인 순위**

준비가 끝났으니 본격적인 토론 수업을 시작할 차례입니다. 학생들에게 '만장일치 토론'에 필요한 순위 결정 상황을 제시했습니다. 토론 주제는 '2019년 초등학생 희망직업 순위'입니다. 교육부가 발표한 「2019 초·중등 진로교육 현황조사 결과 발표」에 따르면 초등학생 희망직업 1위부터 10위는 운동선수, 교사, 크리에이터, 의사, 요리사, 프로게이머, 경찰관, 법률전문가, 가수, 뷰티 디자이너 순이었습니다. 이 열 가지 직업을 무작위로 섞은 뒤, 초등학생들이 어떤 직업을 가장 선호하는지 순위를 매기도록 하였습니다. 먼저 토론 전에 정확한 정보 확인을 위해 질의응답 시간을 가졌습니다. 다음은 학생들의 질문과 그에 대한 답변입니다.

질문	답변
몇 학년이 응답한 건가요?	전국의 6학년 7,500명이 응답한 겁니다.
운동선수는 모든 종목 포함인가요?	네, 그렇습니다.
법률전문가는 정확히 무엇인가요?	법률을 다루는 모든 직업, 판검사와 변호사를 일컫습니다.

| 교사는 초등학교 교사인가요? | 초중등 모든 교사입니다. |

| 뷰티 디자이너가 정확히 무엇인가요? | 헤어, 메이크업(화장) 등을 전문적으로 하는 직업을 뜻합니다. |

질의응답이 끝나면 개인별로 순위를 결정합니다. 개인 순위를 가지고 만장일치 토론에 참여해야 하기 때문에 나름의 경험과 지식을 토대로 합리적인 결정을 할 수 있도록 독려합니다. 시간은 5~6분 정도가 적당합니다.

● **모둠별 만장일치 토론**

개인 순위 결정이 끝나면 패들렛 링크를 공유받은 후, 모둠 토론을 시작합니다. 각자의 개인 순위를 발표하면서 순위를 조정합니다. 거부권을 행사하는 참여자 없이 모두가 만장일치가 되어야만 순위를 결정할 수 있습니다.

〈모둠별 토론 과정〉
- 학생 1: 나는 1위가 교사같아. 예전에 교사가 희망직업 1순위라는 이야기를 들었던 적이 있어. 그리고 우리가 매일 접하는 직업이니까 인기가 있지 않을까?
- 학생 2: 그렇긴 한데, 내 생각은 조금 달라. 선생님 되기 힘들어지면서 인기도 조금 떨어졌다고 들었어.
- 학생 3: 맞아. 나는 크리에이터가 1등 같아. 유튜브가 요즘 대세잖아. 돈도 많이 벌고.
- 학생 4: 나도 크리에이터가 1등 아니면 2등 같기는 해. 근데 유튜브를 보는 거랑 유튜브를 만드는 건 또 다른 문제 아닌가?
- 학생 1: 운동선수는 어때? 다들 체육 좋아하잖아.
- 학생 2: 운동선수도 괜찮은 것 같아. 손흥민 같은 선수는 완전 핫스타잖아. 잘하면 국민적인 영웅이 되기도 하고.
- 학생 3: 운동선수 괜찮네. 운동선수를 1위로 할까? 어떻게 생각해?
- 학생 4: 좋은 것 같아. 나도 찬성해.

만장일치 토론 진행 장면

위와 같은 과정을 거쳐 순위를 결정했다면 최종 결과와 그렇게 생각한 이유를 패들렛에 남깁니다. 1~10위까지 순서대로 정리하며 제목에 '1위, 2위…' 등으로 기록하고, 내용에는 나름의 근거를 적으면 됩니다. 토론 시작 전에 미리 패들렛 기록 담당을 정해 놓으면 좀 더 원활하게 진행됩니다. 원격 수업의 경우, 기록 담당은 화면을 공유할 수 있는 친구가 하는 것이 좋습니다. 모둠원이 기록을 함께 보며 내용을 조정할 수 있기 때문입니다.

● **정답 발표 및 점수 확인**

만장일치 토론이 끝나면 정답을 확인합니다. 모둠이 서로의 순위를 볼 수 있도록 미리 승인해 주는 것이 좋습니다. 선생님이 정답을 발표하면 각 모둠은 정답과 모둠 결과의 차이를 계산해 등급으로 표시합니다. 예를 들어 운동선수가 1위인데 모둠 결과는 5위라고 적었다면 등급은 '4'입니다. 마지막에 이 점수를 모두 합산해 가장 차이 값이 적은 모둠이 승리하게 됩니다.

••○

　만장일치 토론은 흥미로운 상황 속에서 서로를 설득하고 본인의 의견을 제시하는 아주 재밌는 토론입니다. 특히 함께 협력하여 정답을 찾아가는 과정에서 묘한 연대감이 생기기도 하지요. 토론이 '단순한 말싸움'이 아니라 '서로를 이해하고 설득하는 시간'이라는 것을 학생들은 만장일치 토론을 통해 배울 수 있습니다.

> **활동 Tip**
>
> ● 학생들과 함께 하기 좋은 만장일치 토론 주제
>   – 세계에서 가장 인구가 많은 나라 Best 10
>   – 세계에서 가장 많이 쓰는 언어 Best 10
>   – 2030년 사라질 가능성이 높은 직업 Best 10
>   – 한국인이 가장 많이 먹은 과자 Best 10
>   – 고조선부터 대한제국까지, 가장 오래 지속된 나라는?

장단점을 살펴요 〈PMI 토론〉

수업 형태: 등교 수업, 온라인 수업

템플릿 형식: 셀프

프랑스의 유명한 철학자이자 사상가인 장 폴 사르트르는 "인생은 'B'와 'D' 사이의 'C'다"라는 유명한 말을 남겼습니다. 인생은 삶(Birth)과 죽음(Death) 사이의 선택(Choice)이라는 이야기이지요. 이 말처럼 우리는 인생 속에서 항상 선택의 기로에 놓이게 되고, 장단을 잘 따져서 자신에게 더 유리한 쪽으로 결정을 하게 됩니다. 하지만 모든 이가 처음부터 합리적인 의사결정을 내리는 것은 아닙니다. 수많은 시행착오와 연습을 거쳐야 비로소 가능한 일이기 때문입니다. 이렇듯 인생을 살아가는 데 가장 필요한 현명한 선택을 연습할 수 있는 토론 형식이 하나 있습니다. 바로 'PMI 토론'입니다.

● **'PMI 토론'이란?**

PMI 토론은 이름 그대로 어떤 문제 상황에 대해 긍정적인 면(Plus)과 부정적인 면(Minus)을 전체적으로 살펴보고 이를 통해 합리적인 대안(Interesting)을 찾아보는 토론 형식입니다. 참여자 모두가 토론 과정 내내 P-M-I를 함께 찾고 의논하기 때문에 상당히 분석적이고 체계적인 결론에 도달하게 됩니다. 패들렛을 활용해 PMI 토론을 하면 서로의 의견을 실시간으로 확인하면서 미처 생각하지 못한 부분을 함께 고려하며 의견을 나눌 수 있어 훨씬 질 높은 토론이 가능합니다.

패들렛 설정하기

PMI 토론 수업에 활용할 패들렛 템플릿은 '셸프(선반)'입니다. 장점과 단점, 대안을 정돈된 형태로 보기 좋게 배열하기 위해서 선택했습니다. '댓글'과 반응은 활성화하지 않았습니다. 컬럼은 3개를 만듭니다. 첫 번째 컬럼 제목에는 P(긍정적인 면), 두 번째에는 M(부정적인 면), 세 번째에는 I(대안)이라고 미리 써 둡니다.

● 동화책 함께 읽기

초등학교 5학년 1학기 국어-가 교과서 2단원에는 김우경 작가의 『수일이와 수일이』의 첫 번째 챕터인 '덕실이가 말을 해요'의 일부분이 지문으로 실려 있습니다. 내용은 이렇습니다. 학원에 가기 싫고 게임만 하고 싶은 수일이에게 어느 날 반려견인 덕실이가 말을 겁니다. 개가 말을 한다는 사실에 놀라는 것도 잠시, "학원에 가기 싫으면 또 다른 너를 하나 더 만들어."라는 덕실이의 말에 수일이는 귀를 기울입니다. '또 다른 나'를 만드는 법은 간단합니다. 옛날이야기처럼 손톱을 잘라 쥐에게 먹이면 된다는 것이지요. 수일이는 속는 셈 치고 한번 해 볼까 하며 고민에 빠지게 됩니다.

● P(긍정적인 면) 찾아보기

지문을 다 읽고 난 뒤, 학생들에게 패들렛 링크를 공유했습니다. 그리고 수일이 입장이 되어 손톱을 먹은 쥐로 '또 다른 나'를 만들었을 때의 장점을 생각해 써 보도록 했습니다. 학생들의 의견은 대략 이랬습니다.

> - 학원에 안 가고 놀러 다닐 수 있다.
> - 귀찮거나 엄마에게 혼날 때 대신 보낼 수 있다.
> - 수일이가 두 명이 되니까 각자 일을 나눠서 할 수 있을 것 같다. 한 명은 학원 가고, 한 명은 청소하고 이렇게 어려운 일을 나눠서 하면 노는 시간도 많아지고 조금 더 생활이 편해질 것 같다.
> - 학교랑 학원도 빠지고 싶을 때 빠지고 자유를 즐길 수 있다.

각자가 생각한 장점을 쓰고 난 뒤에는 전체적으로 함께 확인하는 시간을 가졌습니다. 이 시간을 통해 학생들은 내 생각과 다른 친구들의 생각을 비교하면서 여러 가지 장점이 있다는 것을 이해하게 됩니다.

● **M(부정적인 면) 찾아보기**

이번에는 반대로 가짜 수일이를 만들었을 때의 부정적인 면을 찾아보았습니다. 장점을 쓰면서 미처 생각하지 못했던 이면을 들여다보는 것이지요. 다음은 학생들이 찾은 단점입니다.

- 전래동화에 나오는 것처럼 가짜 수일이가 배신해서 뒤통수치면 집에서 쫓겨나고 난리 날 수 있다.
- 만약 쥐가 수일이가 되는 것이라면 쥐는 원래 더러운 동물이기 때문에 씻지도 않고 수일이가 원하는 대로 행동을 안 할 수 있다.
- 가짜 수일이가 수일이 말대로 행동하라는 법이 없다. 만약 수일이보다 더 잘 행동해서 예쁨을 받으면 진짜 수일이는 집에서 살 수 없게 될지도 모른다.
- 가짜 수일이가 수일이 뜻대로 움직이리라는 보장이 없다. 말을 안 들으면 더 골치 아플 것이다.

단점 역시 전체적으로 살펴보는 시간을 가졌습니다. 이때 표현이 모호하거나 궁금한 점이 있다면 질문하고 답하는 시간을 가지는 것이 좋습니다.

"쥐도 깨끗한 쥐가 있지 않을까? 이런 쥐는 사람이 되면 씻을 수 있잖아."

"사람 손톱을 먹는 쥐면 깨끗하진 않을 거야. 아마 사람이 돼도 안 씻을 것 같아."

이러한 의사소통을 통해 학생들은 앞서 찾은 장점만큼이나 단점 역시 꽤 많다는 것을 확인할 수 있었습니다.

● **I(대안) 찾아보기**

마지막으로 장점과 단점을 종합한 나름의 대안을 찾아보았습니다. 장점은 극대화하고, 단점은 최소화하는 나만의 방식을 찾아보는 것이지요.

- 만약 수일이가 가짜 수일이를 만든다면 배신을 하지 않게 친하게 지내면서 잘 구슬러야 한다.
- 가짜 수일이를 쥐가 아닌 다른 동물로 만들어야 한다. 쥐는 더럽고 말을 안 들을 것 같기 때문이다. 분신술을 배우거나 해서 다른 방법으로 가짜 수일이를 만든다.
- 가짜 수일이는 수일이 말을 고분고분 듣지 않을 것이다. 하지만 쥐는 고양이를 무서워하기 때문에 고양이를 키우면서 말을 안 들을 때마다 혼내주면 된다. 그리고 평소에 잘해 주면 점점 더 말을 잘 듣게 되어서 편하게 살 수 있을 것이다.

가짜 수일이의 장점은 살리면서 단점은 줄이는 형태로 학생들은 창의적인 대안들을 쏟아냈습니다. 대안을 찾고 난 뒤에는 짝이나 모둠별로 왜 이런 대안을 생각해 냈는지 의견을 교환하는 시간을 가졌습니다. 이어서 어떤 대안이 가장 매력적인지 살펴보고, 자신의 최종 의견을 정리하였습니다.

PMI 토론 활동

활동 Tip

PMI 토론을 할 때는 모든 학생이 자신의 의견을 피력할 수 있도록 충분한 시간을 주어야 합니다. 학습 수준이 다소 뒤처진 학생들은 패들렛에 먼저 올라온 친구들의 의견을 참고해서 자기 생각을 정리할 수 있게 독려합니다.

● **최종 선택하기**

PMI를 모두 확인한 뒤, 최종 선택을 했습니다. 가짜 수일이를 만들어야 하는지, 만들지 말아야 하는지를 결정하고 그 이유도 설명하는 단계이지요. 또한 그런 결정을 내렸을 경우에 어떤 결과가 생길지도 생각해 보게 했습니다. 최종 결정에 대한 학생들의 의견입니다.

> [찬성] 가짜 수일이를 만들어야 한다. 지금 수일이는 너무 힘들고 지친 상태다. 우선 가짜 수일이를 만들어서 가짜 수일이와 일을 나눠서 하면 조금 더 편안하고 여유로워질 것이다. 또 가짜 수일이가 배신을 할지 안 할지는 아직 모른다. 가짜 수일이를 만들고 잘 대해주고 친하게 지내면 가짜 수일이가 아니라 쌍둥이 동생처럼 잘 따를 것이다.
>
> [반대] 가짜 수일이를 만들면 안 된다. 가짜 수일이를 만들면 반드시 문제가 생긴다. 왜냐하면 가짜 수일이도 사람이 되었으니 자기 의지대로 행동할 것이기 때문이다. 수일이의 명령만 받는 로봇이 아니므로 수일이가 시키는 대로 하라는 법이 없다. 그러다가 수일이 대신 집안을 차지하면 오히려 더 난처해지는 것은 수일이다. 전래동화에서도 이런 결말을 확인할 수 있다.

최종 선택을 하고 난 뒤, 학생들은 『수일이와 수일이』의 뒷이야기를 매우 궁금해했습니다. 수일이의 선택과 자신의 선택이 일치하는지 확인하고 싶은 마음 때문이죠. 이렇게 때론 토론이 책에 애정과 관심을 갖도록 도와주는 역할도 할 수 있답니다.

● ● ●

과연 『수일이와 수일이』 속 수일이는 어떤 선택을 했을까요? 아직 이 동화책을 읽지 않았다면 꼭 읽어 보시길 권합니다. 판타지 같은 내용이지만 철학적 사유와 생각거리를 던져주는 결말이 깊은 여운을 안겨 준답니다. 정답이 없는 인생에서 선택이라는 것이 얼마나 중요한지 학생들과 책과 토론으로 나눠 보시면 좋겠습니다.

생각을 정교화해요
〈신호등 토론〉

수업 형태
등교 수업, 온라인 수업

템플릿 형식
캔버스

교실 속 토론 수업이 흔히 실패하는 이유가 뭘까요? 학생들이 충분히 준비되지 않은 상태에서 처음부터 찬반 토론을 강요하기 때문입니다. 찬반 토론은 주장과 반론이 교차되는 상당히 고차원적인 토론 형식인데 학생들이 이를 소화하기란 사실상 쉽지 않습니다. 그래서 앞서 소개한 '부담 없는 토론'으로 토론과 친해지는 시간을 꼭 가져야 하고, 본격적인 찬반 토론에 앞서 쉽고 편안한 형식의 찬반 토론을 여러 번 경험하는 것이 좋습니다. 학생들을 위한 입문용 찬반 토론 형식을 소개합니다. 바로 '신호등 토론'입니다.

● '신호등 토론'이란?

신호등 토론은 이름 그대로 신호등 색깔로 토론 주제에 대한 의견을 표현하는 토론 형식입니다. 참여자는 빨강(반대) 또는 초록(찬성)으로 자신의 찬반 의사를 표현하고 그에 대한 근거와 이유를 말하며 자신과 의견이 다른 토론자를 설득하는 과정을 거칩니다. 이때 토론 주제에 대해 찬반을 결정하지 못한 경우 중립(노랑) 의사를 표현할 수도 있습니다. 처음부터 찬반을 나누는 것이 아니라 중립지대의 의견을 존중하고, 토론 과정을 거치며 자연스럽게 결론을 내리도록 유도하는 형식이기에 찬반 토론을 처음 접하는 학생들도 즐겁게 참여할 수 있습니다. 특히 패들렛은 게시물 색깔 바꾸기 기능이 있어 찬반을 표현하기 유용하지요. 등교 수업에서는 흔히 포스트잇을 쓰곤 하는데 패들렛을 활용하면 접촉을 피하면서도 서로의 의견을 시각적으로 더욱 정확하게 확인할 수 있습니다.

패들렛 설정하기

신호등 토론에서 활용할 패들렛 템플릿은 '캔버스'입니다. 토론 과정에서 자유롭게 의사 표현을 할 수 있도록 선택한 형식입니다. 선생님의 기호와 학급 상황에 따라 '셀프(선반)' 형식도 추천합니다. '댓글'과 반응은 활성화하지 않습니다.

● 토론 주제 제시하기

토론을 시작하기 전에 현덕 작가의 「의심」을 함께 읽었습니다. 이 동화는 4학년 1학기 국어-가 교과서에 수록되어 있어 5~6학년 학생들에게 이미 익숙한 작품이기도 합니다. 동화의 내용은 간단합니다. 주인공 노마는 자신이 아끼던 유리구슬 한 개를 잃어버립니다. 구슬을 찾던 중 친구인 기동이를 의심하기 시작하죠. 기동이가 수상쩍게도 자기 구슬을 보여주지 않으니 의심은 더욱 커집니다. 기동이에게 훔쳐 간 구슬을 내놓으라던 노마가 도랑물 속에서 햇빛에 반짝이는 구슬을 발견합니다. 기동이가 "네 구슬 여기다 두고, 왜 남보고 집었다고 그러는 거야."라며 노마에게 쏘아붙이는 것으로 이야기는 끝납니다. 동화를 다 읽고 나서 토론 주제를 정해 보았습니다. 토론 주제는 '노마가 친구를 의심한 것은 비난받아 마땅한 일이다'입니다.

● 1차 토론하기

패들렛에 토론 주제를 올리고 학생들에게 링크를 공유했습니다. 학생들은 토론 주제에 대한 자기 의견을 결정하여 찬반을 색깔로 표현하고 그렇게 생각한 까닭을 간단히 쓴 뒤, '연결하기 기능'을 활용해 주제에 연결했습니다. 1차 토론의 결과는 다음과 같습니다.

신호등 토론 활동

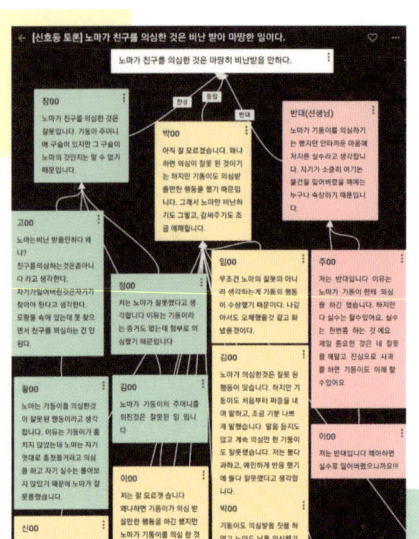

찬성: 5명
- 노마가 친구를 의심한 것은 잘못된 행동이기 때문에 마땅히 비난받을 만하다.
- 기동이가 훔쳤다는 증거도 없는데 다짜고짜 의심했기 때문에 비난받아야 한다.
- 기동이의 구슬을 자기 것이라고 오해했고, 함부로 말했기 때문에 노마가 잘못했다.

반대: 3명
- 노마가 의심한 것이 잘한 것은 아니지만 구슬을 찾고 싶은 절박한 마음에 한 실수라고 생각한다. 누구나 실수는 할 수 있다.
- 자기가 소중히 여기는 걸 잃어버리면 할 수 있는 실수다. 노마는 어리기 때문에 이런 실수로 노마를 비난해선 안 된다.

중립: 16명
- 노마가 의심한 것도 잘못이고 기동이가 의심받을 만한 행동을 한 것도 맞다.
- 노마 말이 기분 나쁘기도 했겠지만 기동이 행동도 예민하고 과했다.

 의외로 이 주제에 대한 의견 보류(중립)가 많아서 사실 놀랐습니다. 저는 개인적으로 찬성 쪽이 많을 것이라고 예상했는데 학생들은 기동이와 노마 모두 잘못이 있다고 생각한 것입니다. 패들렛에 남긴 의견을 바탕으로 우선 찬성 측과 반대 측 학생들의 주장과 근거를 간단히 들어보았습니다. 그리고 중립을 표시한 친구들의 주장과 근거를 듣는 시간도 가졌습니다.

● 짝 토론하기

이어서 짝 토론을 진행했습니다. 가위바위보를 해서 이긴 사람이 찬성, 진 사람이 반대가 되어 2분 동안 토론을 진행하는 형식입니다. 시간이 끝나면 입장을 바꿔 다시 한번 토론을 합니다. 자신의 의견과 관계없이 찬성과 반대를 모두 경험하면서 학생들은 어떤 의견에 더욱 공감이 가는지 자연스럽게 파악하게 됩니다. 또한 한쪽 의견에만 치우치지 않고 보다 합리적이고 객관적인 자세를 가지게 되지요. 짝 토론이 끝나면 앞뒤로 다시 마주 보며 위 활동을 반복합니다. 토론의 기회를 최대한 많이 주기 위함입니다.

● 2차 토론하기

1차 토론과 짝 토론을 바탕으로 2차 결정을 내렸습니다. 2차 토론은 1차 토론과는 달리 중립 의견이 많이 줄었습니다. 1차 토론과 짝 토론을 거치면서 이 문제에 대한 확고한 자기 의견이 생긴 것입니다. 학생들 스스로도 결과를 보면서 서로의 생각이 변화했다는 사실에 놀라워했습니다.

찬성: 10명
- 토론을 해 보니 상황이 어떻든 친구를 믿지 못하고 의심하는 것 자체가 문제라는 생각이 든다.
- 아무리 의심이 났어도 기동이를 그렇게 몰아붙이는 건 매우 잘못된 행동이다.

반대: 8명
- 기동이가 먼저 의심하도록 원인을 제공했기에 노마의 행동을 마냥 비난하기 힘들다.
- 노마의 의심은 실수였다. 실수한 걸 갖고 비난하는 건 너무 가혹하다.

중립: 6명
- 토론을 했지만 둘 다 잘못했다는 내 생각은 변함이 없다.
- 노마의 의심도, 기동이의 수상한 행동도 모두 잘못됐다. 노마를 비난하기는 힘들지만, 그렇다고 감싸줄 수도 없다.

•••

　이렇듯 패들렛으로 보다 쉽게 재미있게 의견을 나눌 수 있는 다양한 토론 형식이 있습니다. 나의 생각이 확고해지기도 하고 다른 이의 생각을 설득으로 바꾸기도 하고 반대로 나의 생각이 바뀌기도 하는 것, 이것이 바로 토론의 묘미입니다. 이 재미를 느낀 학생들은 앞으로도 토론을 즐기고 사랑하게 될 겁니다.

학생들의 토론 소감

그동안 우리는 다양한 토론들을 배우고 실습해 보았습니다.
지금 여러분은 '토론' 하면 어떤 생각이 드나요?
그동안의 수업을 되돌아보며 토론 실습을 마치는 마지막 소감을 써 봅시다.

처음엔 토론을 하고 싶지 않았는데 막상 해 보니 아주 재미있고 좋은 방법이라는 것을 알았다. 원래 나는 내 의견을 말하는 것을 무서워했는데 그 무서움이 많이 사라져 좋았다. 앞으로도 나의 의견을 말하는 것을 자주 연습해야겠다는 생각도 들었다. 그리고 토론, 토의 등의 개념을 몰랐었는데 알게 된 것도 좋았다.

토론을 하기 전에는 지루하고 어려울 것 같았는데 토론을 하고 나니 그렇게 어렵지 않고 친구들과 대화하는 과정이 재미있었다. 그리고 토론을 하며 가족, 친구, 다른 사람들과 어떤 결정을 할 때 더 나은 결정을 할 수 있을 것 같다.

내가 생각할 때 토론은 가장 공평하게 생각을 나누는 활동이라고 생각한다. 토론은 정말 재밌었고, 많은 것을 배웠다.

더 보기+

토론에 띵커벨 활용하기

토론 수업 중에 학생들의 의견을 보다 손쉽게 모으기 위한 방법 중 하나는 아이스크림의 '띵커벨'을 활용하는 것입니다. 띵커벨에서는 아래와 같이 토의·토론에 활용할 수 있는 퀴즈 템플릿들을 지원합니다.

찬성반대	안건에 대해 찬반 투표를 하고 의견을 적을 수 있습니다.
신호등	안건에 대해 찬반 및 잘 모르겠다로 투표하고 의견을 적을 수 있습니다.
가치수직선	안건에 대해 5점 척도로 자신의 의견을 드러낼 수 있습니다.
투표	간단한 투표 형식으로 의견을 표현합니다.
띵킹보드	자유롭게 자신의 의견을 적을 수 있습니다.
워드 클라우드	안건에 맞는 단어를 최대 3개까지 적고, 이를 워드 클라우드로 만들어 줍니다.

이 같은 템플릿들은 퀴즈 형식으로 제공되기 때문에 학생들이 훨씬 부담 없이 참여할 수 있다는 장점이 있습니다. 반면에 댓글 또는 반응을 할 수 없는 형태이고, 실시간으로 서로의 의견을 확인할 수 없어 충분한 의사소통이 이뤄지기 힘들다는 단점도 있습니다.

깊이 있는 토론 수업을 진행하기엔 부족함이 있는 도구지만 자기 의견을 드러내는 데 어려움을 겪는 친구들이 많은 학급이라면 우선 띵커벨을 활용해 생각을 편하게 적는 연습을 하고 난 뒤, 패들렛 활용 토론 수업을 적용해도 좋습니다.

5

앞서 소개했듯이 패들렛은 하나의 커다란 온라인 칠판입니다. 이 말은 어떤 교과, 어떤 활동이든 잘 어울린다는 뜻이지요. 글을 모으고 의견을 교환하는 국어 교과부터 작품을 전시하고 감상하는 미술 교과까지 패들렛이 어울리지 않는 교과는 별로 없답니다. 교과 수업에 패들렛을 활용하는 방법은 무궁무진합니다.

교과 수업

[국어] 시의 재미를 느껴요 〈즐거운 시 짓기〉

수업 형태
등교 수업, 온라인 수업

템플릿 형식
그리드

"여러분은 '시' 하면 어떤 생각이 드나요?"

학생들과 시 수업을 시작할 때, 꼭 하는 질문입니다. 초등학교 고학년으로 길수록 '재미없어요', '지루해요', '유치해요'와 같은 반응이 많아집니다. 안타까운 일이지만 한편으론 이해가 갑니다. 교과서에서 만나는 시들은 왠지 모르게 지루하거든요. 수록된 시가 좋지 않다는 것이 아니라, 구성 자체가 시의 재미를 온전히 느낄 수 없는 경우가 대부분입니다. 시를 읽고 문제를 풀어야 하니 학생들 입장에선 얼마나 고역이겠어요. 그래서 저는 학생들에게 시라는 것이 자신의 경험과 생각을 함축적으로 표현하는 아주 매력적인 문학이라는 것을 가르쳐 주기 위해 자주 시를 읽거나 쓰곤 합니다. 지금도 시 수업을 고민하고 있을 많은 선생님들을 위해 패들렛으로 쉽게 쓸 수 있는 다양한 시 짓기 방법을 공개합니다.

패들렛 설정하기

시 짓기 수업을 할 때는 '그리드' 템플릿을 주로 사용합니다. 가로로 정렬해 주면서 깔끔한 형태를 유지하기 때문이지요. 서로의 시를 감상하고 피드백할 수 있도록 '댓글'과 반응('좋아요)도 활성화해 놓습니다.

● 즐거운 시 짓기 수업

학생들이 시를 좋아하게 만드는 방법은 크게 두 가지입니다.

첫 번째 방법은 생각을 '톡' 건드는 시를 많이 읽는 것이지요. 문학동네 출판사의 동시집이나 창비 출판사의 '우리시 그림책', 비룡소 출판사의 '동시야 놀자' 시리즈 등의 작품들은 학생들과 읽었을 때 반응이 매우 좋았습니다. 교과서 너머 다양하고 재밌는 시가 있다는 것을 알아가면서 학생들은 시에 재미를 붙이게 됩니다.

두 번째 방법은 쉽고 즐겁게 시를 짓는 경험을 하는 것입니다. 운율과 형식을 따지지 않은, 날것 그대로의 생각을 편하게 표현하는 과정에서 학생들은 시라는 문학이 가지고 있는 파격과 일탈을 즐기게 되지요. 다음은 학생들이 선호하는 시 짓기 방법입니다.

학생 작품 예시	시 짓기 방법
정00 끝말잇기: 들꽃 꽃반지 지금 들꽃으로 꽃반지를 만들어 지금 엄마에게 끼워드리려 하니 이제서야 엄마에 따뜻하고도 거칠거칠한 손이 눈에 들어왔다.	**끝말잇기 시 짓기** ① 끝말잇기를 하며 단어 세 가지를 찾습니다. ② 세 단어가 들어간 시를 씁니다. ③ 다른 친구가 쓴 시를 살펴보고, '댓글'과 '좋아요'로 반응합니다. *참고: 『끝말잇기 동시집』(박성우 지음, 비룡소)
박00 단어: 가나 나라 아차 학교 숙제로 '가나'라는 '나라'에 대해 조사하고 있는데 '아차!!!' '가나'가 아니라 터키에 대해 조사하는거 였어요.	**가나다라 시 짓기** ① '가~하'로만 만들 수 있는 단어를 최대한 많이 찾아봅니다. (예: 가마, 하마, 마차, 바나나 등) ② 찾은 단어를 넣어 개성 있는 시를 씁니다. ③ 다른 친구가 쓴 시를 살펴보고, '댓글'과 '좋아요'로 반응합니다. *참고: 『파랑의 여행』(정유경 지음, 문학동네)

학생 작품 예시

박OO
마법의 열쇠란 말 한마디
비바람을 내릴수도
우승의 영광을 누릴수도 있는 마법

이OO
시: 시간이 흘러도 생각날거야
힘: 험난한 과정을 버텼던 지금을

박OO
미: 미안하다고
안: 안 해도 돼
해: 해질녘 니 생각 나는걸 보니 내 마음이 다 풀렸나봐

시 짓기 방법

이미지 시 짓기
① 선생님이 가지고 있는 이미지 카드 중 세 장을 골라 학생들에게 제시합니다.
② 이미지를 보고 떠오르는 생각을 시로 표현합니다.
③ 다른 친구가 쓴 시를 살펴보고, '댓글'과 '좋아요'로 반응합니다.

＊활용카드: '도란도란 스토리텔링 카드'(더즐거운교육)

N행시 짓기
① 단어 하나를 생각합니다.
② 그 단어를 잘 표현할 수 있는 문장을 생각해 보고, N행시로 표현합니다.
③ 다른 친구가 쓴 시를 살펴보고, '댓글'과 '좋아요'로 반응합니다.

＊참고: 『말장난』(유병재 지음, 아르테)

> **활동 Tip**
>
> 학생들이 쓴 시는 패들렛에 차곡차곡 모아두었다가 'PDF로 저장하기'를 활용해 저장 후, 인쇄하세요. 우리 반만의 멋진 시집 한 권을 뚝딱 만들 수 있습니다.

• • •

패들렛을 활용하면 이렇게 쉽고 재밌는 방법들로 시를 쓰고 모을 수 있습니다. 어느 순간 '반짝' 하고 빛나는 학생들의 감성 가득한 시들을 만날 때마다 잠깐이라도 시간을 내서 학급 전체와 나누는 것을 추천합니다. 시를 쓴 친구에게 굉장한 내적 보상이 될 뿐 아니라 서로에게 자극을 주어 시 쓰기에 더욱 재미를 느끼게 만들어 줄 것입니다.

[역사] 재밌는 역사수업 ①
〈나는야 문화재 박사〉

수업 형태
등교 수업,
온라인 수업

템플릿 형식
스트림

초등학교에서 역사 수업은 어떤 의미를 갖고 있을까요? 저는 학생들과 역사를 공부할 때, 두 가지만큼은 꼭 심어 주려고 노력합니다. 하나는 역사적인 상상력을 발휘하는 힘, 다른 하나는 역사적인 공감대를 갖는 마음입니다. 자유롭게 상상하고 충분히 공감하면서 역사에 재미를 느끼는 것이 바로 초등 역사 수업의 본질이라고 생각하기 때문입니다. 이러한 고민을 담은 수업 사례 몇 가지를 소개합니다. 먼저 소개할 수업은 역사적 상상력을 발휘해 삼국시대 문화유산을 살펴보는 '나는야 문화재 박사'라는 활동입니다. 패들렛의 문화재 그림을 보고 마음껏 상상력을 발휘하는 시간이지요.

패들렛 설정하기

이 수업에서 활용할 패들렛 템플릿은 '스트림'입니다. 문화유산 사진을 가장 크게 볼 수 있는 템플릿이지요. 모둠별 토의를 위해 '댓글'과 반응('좋아요')은 모두 활성화했습니다. 설정이 끝나고 삼국시대 문화유산 사진과 모둠별로 토의할 질문을 미리 올려놓았습니다. 사진과 질문들은 다음과 같습니다.

〈나는야 문화재 박사〉 활동을 위해 미리 올린 문화재 그림과 질문 사진

문화유산	토의할 질문
무용총 접객도	사람들의 크기가 다른 이유는 무엇일까?
수렵도	왜 호랑이보다 사슴을 크게 그렸을까?
연가7년명 금동여래입상	고구려 불상이 왜 신라 땅에서 발견됐을까?
무령왕릉	무령왕릉에서 출토된 숟가락은 왜 부러졌을까?

● **모둠별 토의하기**

수업을 시작하면서 학생들에게 이렇게 안내했습니다.

"선생님이 패들렛에 삼국시대 문화유산 사진들과 모둠별로 토의할 질문들을 올려두었어요. 완벽한 정답을 찾지 않아도 됩니다. 모둠별로 마음껏 상상하면서 문화유산을 탐색하고 나름의 답을 찾아 댓글에 남기세요. 오늘 이 시간, 여러분은 모두 '문화재 박사'입니다."

역사적 상상력을 마음껏 발휘하라는 말에 학생들은 신이 나서 문화재를 탐색하기 시작했습니다. 그럴듯한 추리와 엉뚱한 이야기가 뒤섞이면서 모둠 곳곳에서 웃음이 터져 나오기도 했지요. 학생들은 위 질문에 대해 어떤 결론을 내렸을까요?

학생들의 문화재 관찰 결과

무용총 접객도: 사람들의 크기가 다른 이유는 무엇일까?
– 신분의 차이가 있기 때문에 높은 사람은 크게, 낮은 사람은 작게 그렸다.

수렵도: 왜 호랑이보다 사슴을 크게 그렸을까?
– 고구려 사람은 호랑이를 싫어해서.
– 사슴을 잡는 사람의 말을 보면 색깔이 흰색이다. 보통 흰색 말을 타면 신분이 높다. 그렇기 때문에 신분이 높은 사람이 잡는 사냥감을 더 크게 그린 것이다.

연가7년명 금동여래입상: 고구려 불상이 왜 신라 땅에서 발견됐을까?
– 옛날에는 고구려 땅이었는데 나중에 신라 땅이 되어서 고구려가 둔 문화유산이 신라 땅에서 발견됐다.
– 고구려와 신라가 싸우다가 고구려 영토에 있던 불상을 빼앗긴 것이다.
– 신라가 고구려 불상을 몰래 훔쳐 왔다.

무령왕릉: 무령왕릉에서 출토된 숟가락은 왜 부러졌을까?
– 무령왕릉에 어떤 사람이 갇혀서 탈출하려고 숟가락을 썼다.
– 밥이 맛있지 않아서 왕이 숟가락을 집어 던졌다.
– 녹슬어서 부러졌다.

아이들의 기발한 대답들이 눈에 띕니다. 앞서 말한 것처럼 이 활동은 정답이 중요한 활동이 아닙니다. 오히려 문화유산에 얽힌 다양한 에피소드와 상징들을 즐겁게 찾는 데 그 목적이 있지요. 특히 패들렛으로 댓글을 실시간 공유하는 과정에서 각 모둠은 서로의 의견을 확인하고 미처 생각하지 못한 부분에 대해 자극을 받으며 더욱 깊이 수업에 몰두하게 됩니다. 단순한 암기나 필기에서 벗어나 역사 그 자체에 재미를 느끼게 되는 것입니다.

활동 Tip

- 원격 수업의 경우, 소회의실에서 패들렛 링크를 화면으로 공유하며 모둠 토의를 진행합니다. 학생들은 소회의실로 분절되어 활동하지만 패들렛 댓글을 통해 모둠 간 소통 역시 원활히 이뤄지는 것을 확인할 수 있습니다.
- 모둠이 댓글을 쓸 때는 몇 모둠인지 밝히고 쓰도록 합니다. 구글 아이디로 로그인하지 않은 이상 익명으로 처리되기 때문에 이를 사전에 안내해야 합니다.

● 전체 활동하기

모든 모둠이 질문에 답을 했다면 이제 선생님과 함께 정답을 확인할 차례입니다. 정답 확인은 강의식으로 진행합니다. 선생님이 주도적으로 모둠의 댓글을 확인하고 문화유산에 대한 내용을 자세히 설명하지요. 하지만 일반적인 강의식 수업과 달리 학생들은 굉장한 집중력을 보여줍니다. 모둠 토의 과정에서 이미 문화유산에 대한 애정이 생겼기에 가능한 일입니다. 본인들이 열심히 상상하고 추리한 내용이 맞는지 끊임없이 확인하면서 학생들은 저절로 문화유산을 깊이 이해하게 됩니다.

●●●

영국의 저명한 역사학자 E. H. 카는 『역사란 무엇인가』라는 저서에서 "역사란 과거와 현재의 대화이다."라는 유명한 말을 남겼습니다. 역사 수업도 마찬가지 아닐까요. 현재를 살아가는 학생들이 역사와 대화할 수 있도록 충분한 기회를 마련해 주세요. 단순한 암기와 지식 전달을 넘어서 역사 그 자체에 흥미를 느낄 때, 교실 속 역사 수업은 비로소 무한한 생명력을 갖고 의미 있게 남아 있을 겁니다.

[역사] 재밌는 역사수업② 〈고종 비밀 탈출 작전〉

수업 형태
등교 수업, 온라인 수업

템플릿 형식
셀프, 스트림

　을미사변과 아관파천은 침몰해 가는 조선과 격동의 근대사를 극명하게 상징하는 사건입니다. 한 나라의 국모가 일본이 보낸 낭인들에 의해 처참히게 살해당한 것도 모자라, 임금이 궁궐을 버리고 다른 나라의 공사관으로 도망간 사건은 오늘날의 우리에게 형언할 수 없는 씁쓸한 감정을 느끼게 합니다. 하지만 의도가 어찌 되었든 궁궐을 빠져나간 고종의 '정치적 결단'은 향후 8년 동안 한반도를 둘러싼 외세 열강의 세력 균형을 만들어 내기도 합니다. 이 중요한 사건을 간단히 넘기기 아쉬워서 추리 형식을 가미해 학생들이 즐겁게 참여하는 수업으로 진행해 보았습니다. 이름하여 '고종 비밀 탈출 작전'입니다.

패들렛 설정하기

이 수업에는 두 개의 패들렛을 활용합니다. 각각의 활동에 활용할 패들렛 설정을 다음과 같이 합니다.

이미지 카드로 표현하는 고종의 마음	● 템플릿: '셀프' ● '댓글'과 반응('좋아요') 활성화 ＊ 컬럼을 8개 정도 만들고 컬럼당 이미지 카드를 3장 정도 미리 올려둡니다. 이미지 카드는 선생님이 갖고 있는 것들을 스캔하여 활용하면 됩니다. 저는 '도란도란 스토리텔링 카드'(더즐거운교육)를 활용했습니다.
아관파천의 조력자는 누구?	● 템플릿: '스트림' ● '댓글'과 반응('좋아요') 활성화

● **이미지 카드로 표현하는 고종의 마음**

　이야기는 을미사변부터 시작됩니다. 청일전쟁 이후에 급격하게 커진 일본의 영향력을 억제하기 위해 러시아를 끌어들인 명성황후와 '여우사냥'이라는 작전명으로 극단적인 선택을 하게 된 일본의 모습을 대비시키며 영화 〈한반도〉의 을미사변 장면을 시청했습니다. 그다음 을미사변을 겪은 고종의 마음이 어땠을지 생각해 보는 첫 번째 활동을 진행했습니다. 이미지 카드를 올려둔 첫 번째 패들렛을 공유한 뒤, 자신이 생각하는 고종의 마음과 가장 일치하는 이미지를 선택하고 댓글에 그렇게 생각한 까닭을 적도록 했습니다. 다음은 학생들이 고른 그림과 이유입니다.

[손가락질 받고 우울한 아이의 그림]
외로웠을 것 같다. 왜냐하면 평생 부인과 함께하고 싶었을텐데 갑자기 부인이 일본군 손에 살해당했으니 두렵기도 하고 혼자라는 기분이 들었을 것 같다.

[권투를 하는 그림]
파랑 글러브가 조선이고, 빨강 글러브가 일본이면 일본에게 한 대 맞은 느낌이었을 것이다.

[겨울산을 외롭게 타는 사람의 그림]
혼자 고립된 느낌일 것 같다. 모든 사물, 사람이 차가워진 느낌일 것이고 그저 슬프고 무기력해져 혼자라는 게 두려웠을 것 같다.

　이렇듯 학생들은 다양한 그림을 선택해 자신의 생각을 자유롭게 표현했습니다. 그중에서 제 마음을 '툭'하고 건든 글 하나가 있습니다.

"사람은 살았지만, 마음은 쥐죽은 듯 고요하다."

딱 한 문장으로 어쩜 이렇게 고종의 마음을 절묘하게 포착했는지! 정치적 동반자이자 아내였던 명성황후를 잃은 고종의 마음이 정말 이렇지 않았을까요. 살아는 있지만 마음은 기쁨도 슬픔도 없이 불안과 공포로 오히려 푹 가라앉은 상태. 마냥 어려 보이던 학생들이 역사적 공감대를 갖고 하나의 사건을 통찰력 있게 꿰뚫어 보았다는 것이 얼마나 놀라웠는지 모릅니다. 이 문장을 쓴 친구에게 칭찬하자 "그림을 보니 그런 생각이 들었어요."라고 의젓하게 대답하더군요. 이처럼 이미지 카드를 활용하면 학생들의 생각과 감정들을 평소보다 훨씬 풍성하게 이끌어 낼 수 있습니다.

● 아관파천의 조력자는 누구?

고종의 마음을 살피고 난 뒤에, 고종의 탈출을 도운 사람이 누구인지 추측하는 시간을 가졌습니다. 우선 네 명의 후보를 보여 주고, 그들에 대한 간단한 정보를 제공했습니다.

후보	설명
흥선대원군	고종의 친아버지. 명성황후와 20년 넘게 권력을 두고 다퉜고, 을미사변 당시에도 일본에 힘을 보탠 정황이 있다. 하지만 미우나 고우나 아버지다. 고종을 도울 유일한 사람 아닐까?
엄상궁	고종이 사랑하는 여인. 하지만 10년 전, 둘 사이를 질투했던 명성황후에 의해 궁궐에서 쫓겨났다. 을미사변 이후, 궁궐에 다시 들어와 고종을 모시고 있다.
배정자	고종이 푹 빠져 있는 또 다른 여인. 명성황후 가문에 의해 부모를 잃었고 일본으로 건너가 통역관이 되었다. 일본어에 능숙할 뿐 아니라 일본의 많은 관리들과 가깝게 지내고 있다.
김홍집	조선의 마지막 영의정이자 총리대신. 을미사변 이후, 조선 정부를 주도하는 실세 중의 실세. 좋든 싫든 그가 마음만 먹는다면 궁궐을 쉽게 빠져나갈 수 있을 것이다.

아관파천에 깊숙이 관여하며 결정적 역할을 했던 엄순헌귀비(엄상궁)를 소개하기 위한 활동이었는데 예상보다 아이들이 굉장히 몰입해 의미 있는 수업이 가능했습니다. 모두 나름의 결점이 있고, 특히 명성황후와 악연이 있는 인물들이라 누가 아관파천을 도왔을지 치열한 토론이 가능했지요. 토론을 통해 학생들은 아래와 같이 각자 결론을 내렸습니다.

선택	선택한 이유
흥선대원군	- 친아버지이기 때문이다. 웬만한 부모는 아들딸을 사랑한다. - 고종을 잘 알고, 잘 도울 수 있는 유일한 사람이기 때문이다.
엄상궁	- 명성황후에 의해 쫓겨나긴 했지만 사랑하는 고종이 위기에 처했으니 도와줄 것 같다.
배정자	- 일본의 상황을 누구보다 잘 알기 때문에 더 잘 도울 수 있다. - 일본 정부와 친하니까 반대로 일본에게서 빠져나가는 법도 알 수 있다.
김홍집	- 조선의 권력자이고 머리도 좋을 것 같아서 탈출 계획이 완벽할 것 같다. - 권력을 쥐고 있는 사람이 마음을 먹어야 무사히 도망칠 수 있다.

학생들 대부분은 고종을 도울 사람으로 '흥선대원군'을 지목했습니다. 선택 이유로는, 어찌 되었든 친아버지이기 때문에 아들이 고통받기를 원하지

않았을 것이라는 내용이 많았습니다. 차례대로 이 네 명에 관한 이야기를 해 주면서, 최종적으로 엄순헌귀비가 아관파천을 도운 인물이었음을 알려 주었습니다. 덧붙이자면, 흥선대원군은 고종의 정적 중의 정적으로 20년 넘게 서로 권력 투쟁을 했습니다. 흥선대원군이 죽은 뒤, 고종이 장례식장에도 참석하지 않았다는 것은 유명한 일화입니다. 배정자는 '여자 이완용'이라고 할 만큼 친일 중의 친일이고, 김홍집은 을미사변 이후 내각을 이끌었지만 결국 아관파천으로 몰락했습니다. 러시아 공사관에서 고종은 김홍집을 포함한 다섯 대신을 '을미오적'으로 명명했고, 김홍집은 환궁을 요청하러 가다가 백성들에게 붙잡혀 돌에 맞아 죽었습니다. 그 시대 나름의 역할을 했던 총리대신의 최후라고 하기엔 너무나도 비참한 죽음이었지요. 당시 일본에 대한 분노가 어땠을지 느껴지는 대목입니다.

● 역사 그 자체를 즐기는 수업

마지막으로 PPT를 활용한 스토리텔링을 통해 아관파천 과정을 설명해 주었습니다. 중간에 '엄상궁의 배신' 장면이 나오자 학생들은 "어? 왜 배신했지?"라며 혼란스러워했고, "믿을 사람 하나도 없다더니!"라며 분노하기도 했습니다. 하지만 이것이 아관파천 성공을 위한 엄상궁의 계획이었음이 곧 밝혀지자 "오, 되게 똑똑한데?" "고종이 엄청 떨렸겠는데?" 등 날것 그대로의 반응을 보이며 수업에 깊이 몰두하는 모습을 보였습니다.

● ● ●

역동적인 놀이나 활동이 있는 수업이 아니었음에도 학생들은 이야기의 흐름에 푹 빠져서 당시 사람들의 감정을 충분히 읽어 내었고, 나름의 합리적 추론으로 역사적 사건을 조망하였습니다. 이처럼 역사 그 자체를 즐기는 것, 이것이 바로 초등 역사 교육의 본질 아닐까요?

> **[사회] 좌표를 찍어요**
> **〈신나는 지도 수업〉**
>
> 수업 형태: 등교 수업, 온라인 수업
> 템플릿 형식: 지도

 패들렛의 지도 템플릿은 사회 교과수업에 활용하기 매우 좋은 템플릿입니다. 다양한 지도 스타일을 고를 수 있을 뿐 아니라 세계지도부터 우리 지역의 지도까지 한눈에 살펴볼 수 있어 모든 학년에 유용합니다. 지도 템플릿을 활용한 몇 가지 수업 사례를 소개합니다.

● **우리 가족 여행계획 세우기**(4학년)

 4학년 1학기 사회 1단원에서는 지도에 대해 공부하고, 이를 활용해 우리 가족의 여행 계획을 세우는 차시가 있습니다. 이때 패들렛을 활용하여 다음과 같은 모둠 수업을 전개할 수 있습니다.(4인 1모둠 기준)

① 모둠별로 여행할 지역을 나눕니다. (예: 서울, 강릉, 단양, 경주, 전주, 제주)
② 사전 과제로 자기 모둠에서 맡은 지역의 대표 관광지 여덟 곳을 미리 알아 옵니다.
③ 모둠별로 사전에 알아 온 관광지를 모아서 여행지 여덟 곳을 결정합니다.
④ 모둠원이 각자 관광지를 두 곳씩 맡아 인터넷으로 정보를 조사합니다.
⑤ 패들렛에 관광지 좌표를 찍고, 이미지와 함께 조사한 내용을 올립니다.
⑥ 모둠원이 함께 좌표를 확인하고 여행 코스를 최종 결정합니다.

⑦ 여행 코스에 따라 '연결하기' 기능을 활용해 좌표를 연결하고 라벨링 합니다.

⑧ 모둠별로 여행 계획을 발표하고 서로 궁금한 점을 질문합니다.

 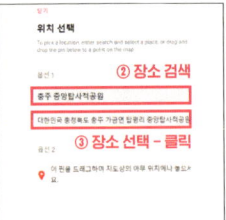

좌표 찍는 법

연결하기 기능, 라벨링

4학년 여행 계획 세우기 결과물

● 우리나라 문화재 지도 만들기(5학년)

　5학년 역사 수업 마무리 활동으로 우리나라 문화재 지도를 만들기를 합니다. 간단하면서도 의미 있는 결과물을 얻을 수 있어 좋습니다.

① 학생 수에 맞게 문화재 이름이 적힌 종이를 준비합니다. 온라인 수업이라면 이름 선택기(wheelofnames.com)를 활용합니다.
② 학생들이 각자 문화재 종이를 제비뽑기 합니다. 온라인 수업에서는 번호대로 이름 선택기 프로그램을 돌리면 됩니다.
③ 뽑은 문화재 이름을 확인하고, 문화재에 대해 간단히 조사합니다.
④ 문화재 위치나 보관 장소에 좌표를 찍고, 이미지와 함께 조사한 내용을 올립니다. 이때, 반드시 제목에는 문화재 이름과 본인 이름을 함께 쓰도록 합니다. (예: 숭례문-김성규)
⑤ 조사학습이 완료되면 선생님이 '미리보기 패널'을 활용해 어떤 문화재들이 있는지 전체 학생들과 함께 확인합니다.

5학년 역사 문화재 지도 결과물

미리보기 패널

● 세계의 여러 나라(6학년)

6학년 2학기 사회에서 5대양 6대륙과 세계 여러 나라에 대해 공부할 때에도 패들렛을 활용해 보세요. 다양한 나라들을 한눈에 볼 수 있답니다.

① 학생 수에 맞게 세계 여러 나라의 이름이 적힌 종이를 준비합니다. 온라인 수업이라면 5학년 수업과 마찬가지로 이름 선택기를 활용합니다.
② 학생들이 각자 나와서 종이를 제비뽑기 합니다. 온라인 수업에서는 번호대로 이름 선택기 프로그램을 돌리면 됩니다.
③ 뽑은 나라의 이름을 확인하고, 그 나라에 대해 조사합니다. 조사할 때는 '위치한 대륙, 면적, 수도, 인구수, 주요 관광지' 등의 내용을 살펴볼 수 있도록 미리 안내합니다.
④ 나라 위치에 좌표를 찍고, 이미지와 함께 조사한 내용을 올립니다. 이때, 반드시 제목에는 나라 이름과 위치한 대륙, 본인 이름을 함께 쓰도록 합니다. (예시: 대한민국(아시아)-김성규)
⑤ 조사학습이 완료되면 선생님이 '미리보기 패널'을 활용해 전체 학생들과 함께 확인합니다.

활동 Tip

지도 수업에 활용하기 좋은 지도 스타일은 'The Usual'과 'Medieval'입니다. 두 스타일의 가독성이 가장 좋습니다. 지도 스타일은 수정창에서 변경 가능합니다.

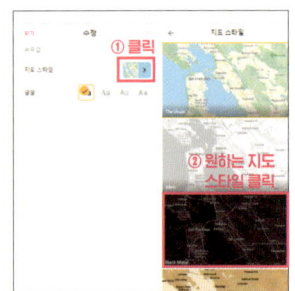

지도 스타일 변경 방법

● ● ●

　지도 템플릿은 '우리 동네'부터 '세계 여러 나라'에 이르기까지 다양한 지역들을 하나의 페이지에서 표시하고 확인할 수 있는 아주 재밌는 템플릿입니다. 학생들이 열심히 조사한 내용들은 PDF로 저장해서 인쇄해 주세요. 우리 반만의 멋진 여행 계획서, 문화재 해설서, 세계 여러 나라 조사학습 보고서가 된답니다. 조사한 내용을 바탕으로 미리캔버스 등을 활용해서 관광 전단지를 만들 수도 있으니 선생님만의 풍부한 수업 아이디어를 마음껏 발현해 보시면 좋겠습니다.

[과학] 내가 최초 발견자
〈나만의 지층 이름 짓기〉

수업 형태
등교 수업, 온라인 수업

템플릿 형식
셀프

자갈, 모래, 진흙 등으로 이루어진 암석들에서 쉽게 관찰되는 지층은 학생들에게 아주 익숙한 과학 용어 중 하나입니다. 음식 중에 지층과 생김새가 비슷한 것을 찾아보라고 하면 햄버거, 샌드위치, 무지개떡 등을 어렵지 않게 이야기할 정도지요. '나만의 지층 이름 짓기'는 이러한 지층을 과학자처럼 관찰, 추리, 의사소통하도록 돕는 일련의 탐구 활동입니다.

패들렛 설정하기

학생들이 탐구 대상인 지층을 발견하고 기록하는 용도로 사용하는 패들렛은 '셀프(선반)' 형식을 추천합니다. '댓글'과 반응('좋아요')도 활성화합니다. 설정이 끝났다면 학생 수보다 하나 더 많은 컬럼을 만듭니다. 학생들의 탐구 과정을 돕기 위해 첫 컬럼에는 탐구 방법을 제시하고 선생님의 예시도 적어 둡니다. 그다음엔 학생 번호 순서대로 컬럼 이름을 지정해 놓습니다.

● '나는 지층 발견자'

과학적 탐구는 우리 주변 현상을 주의 깊게 관찰하는 것에서 시작합니다. 주변 현상을 관찰하다가 궁금한 점이 생기면 이를 해결하기 위해 관찰, 측정, 예상, 분류, 추리, 의사소통의 과정을 거치지요. 이런 과학적 탐구 과정을 익힐 수 있도록 '나만의 지층 이름 짓기' 활동을 진행합니다.

① 지층의 개념과 여러 가지 모양의 지층 알기

먼저 지층의 개념을 익히고 여러 가지 모양의 지층 사진을 통해서 공통점과 차이점을 찾아봅니다. 줄무늬, 층의 두께나 색깔, 수평인 지층, 끊어진 지층, 휘어진 지층 등을 살펴보고 정리합니다.

② 나만의 지층을 찾아서

이제 나만의 지층을 찾아 떠날 준비가 되었습니다. PPT를 활용해 웅장한 음악 소리와 활동을 시작합니다.

"여러분은 미지의 땅을 탐험하는 과학자입니다. 드디어 여러분의 눈앞에 낯선 암석이 나타났습니다. 지금부터 암석들이 층을 이루고 있는 이 지층을 관찰하고 관찰 결과를 정리해 봅시다. 자, 모험을 시작해 볼까요?"

학생들은 진짜 탐험을 떠날 생각에 약간 상기된 모습을 보입니다. 이때 지층 관찰 비법을 안내하며 단순히 지층을 검색하는 것에 머무르지 않고 적극적으로 탐구할 수 있도록 안내해 줍니다.

> 〈지층 탐구 비법〉
> - 지층의 색깔과 모양을 쓰세요.
> - 층의 두께나 알갱이의 크기를 관찰하여 써 보세요.
> - 어디에 있는 지층인지 추리해 보세요.
> - 나만의 지층 이름을 지어 보세요.

안내가 끝나면 학생들이 패들렛에 접속합니다. 자기 번호 컬럼 아래 게시물을 작성합니다. 구글 검색 기능을 활용하면 여러 가지 모양과 색깔의 지층 이미지를 찾을 수 있습니다. 이 중 마음에 드는 지층을 선택하고 앞서 안내한 지층 탐구 비법에 따라 탐구 활동을 진행하고 게시물에 기록합니다. 다음은 학생들이 만든 '나만의 지층 이름'입니다.

패들렛 학생 결과물

> **활동 Tip**

지층 탐구 비법을 패들렛 첫 번째 컬럼에 제시해 놓았을 경우, 뒷 번호 학생들의 패들렛 화면에서는 보이지 않게 됩니다. 학생들이 계속 참고할 수 있도록 패들렛 수정창의 설명란에도 써 주는 것이 좋습니다.

③ 반응과 댓글 달기

마지막으로 서로의 탐구 결과를 나눌 시간입니다. '댓글' 기능과 '좋아요'

기능을 활성화하여 서로를 칭찬해 줍니다. 주고받는 '좋아요'와 칭찬 댓글로 어느새 교실은 훈훈해진답니다.

● ● ●

과학적 상상력을 자극하면서 자유로운 표현까지 이끌어 내는 과학 수업! 어떠셨나요? '미래의 과학자'인 우리 학생들이 언젠가는 진짜 자신의 이름을 딴 위대한 발견을 할 수 있기를 기대해 봅니다.

[도덕] 우리는 모두 소중해 〈인권 수업〉

수업 형태
등교 수업, 온라인 수업

템플릿 형식
셀프

'인권'의 사전적 정의는 사람으로서 당연히 누려야 할, 인간답게 살 권리입니다. 남녀노소를 불문하고 인권이 존중받아야 하는 이유가 바로 여기에 있습니다. 인권 수업을 하는 이유도 마찬가지입니다. 인권이 거대하고 어려운 개념이 아니라 우리 생활 속에서 늘 함께하는 일상적이고 소소한 개념이라는 걸 이해하기 위해서지요. 이번 수업에서는 패들렛을 활용해 인권 침해 사례를 모아보고, 인권 보호 만화 전시회를 열고자 합니다.

패들렛 설정하기

인권 수업에 활용할 패들렛 템플릿은 '셀프(선반)'입니다. '댓글'과 반응('좋아요')은 활성화합니다.

● 인권 침해 사례 찾기

먼저 우리 주변에서 일어나는 인권 침해 사례를 찾아보았습니다. 첫 번째 컬럼을 만들고 '우리 주변에서 일어나는 인권 침해 사례'라고 제목을 단 뒤, 학생들에게 여러 가지 인권 침해 사례를 적어 보도록 했습니다. 이때, 뉴스에 나오는 커다란 인권 침해 사례뿐 아니라 우리 생활 속에서 무의식적으로 일어나는 인권 침해 사례를 찾도록 독려했습니다. 장난으로 포장되었지만 기분이 좋지 않고, 아니다 싶은데 관습으로 굳어졌거나 웃어넘길 것을 강요받는 모든 것들이 인권 침해라고 이야기해 주었지요. 다음은 학생들이 찾은 인권 침해 사례입니다.

- 공부를 못해서 차별받는다.
- 다문화 가족이라고 놀리고 얕본다.
- 친구의 수첩을 몰래 본다.
- 돈이 없어서 차별을 당한다.
- 남이 모르게 인터넷으로 욕을 한다.
- 나이가 어리거나 많다는 이유로 무시당한다.
- 키가 작다고 차별받는다.
- 뚱뚱해서 따돌림을 당하거나 활동에서 빠진다.
- 소수자(장애인 등)이기에 자기 의견을 말하지 못한다.
- 친구의 개인정보를 함부로 말하며 놀린다.

이 사례들을 바탕으로 학생들과 이야기를 나눴습니다. 무심코 한 장난도 심각한 인권 침해가 될 수 있고, 상대의 인권을 존중하는 자세를 일상 속에서 항상 견지하지 않으면 언제든지 그 피해가 고스란히 나에게도 돌아올 수 있음을 아이들 모두 잘 이해하는 모습이었습니다.

● **인권을 지키기 위해 할 수 있는 일 찾기**

두 번째 컬럼에는 우리가 인권을 지키기 위해 할 수 있는 일을 찾아보았습니다. 물론 거창한 것들이 아니라 생활 속에서 스스로 실천할 수 있는 것들을 적도록 했지요.

- 친구의 개인정보를 몰래 보지 않는다.
- 성별, 학벌 등으로 차별하지 않는다.
- 왕따시키거나 놀리지 않는다.
- 사람의 생김새로 차별하지 않는다.
- 누구든지 사람으로서 존중한다.
- 사이버 폭력을 하지 않는다.

이 과정에서 학생들은 지금까지 당연히 옳다고 배운 행동들이 모두 인권을 지키는 소중한 노력이라는 것을 확인하였고, 결국 중요한 것은 꾸준한 실천이라는 것을 깨닫게 되었습니다. 이어서 서로의 실천을 응원하는 의미를 담아 '좋아요'를 누르는 시간을 가졌습니다.

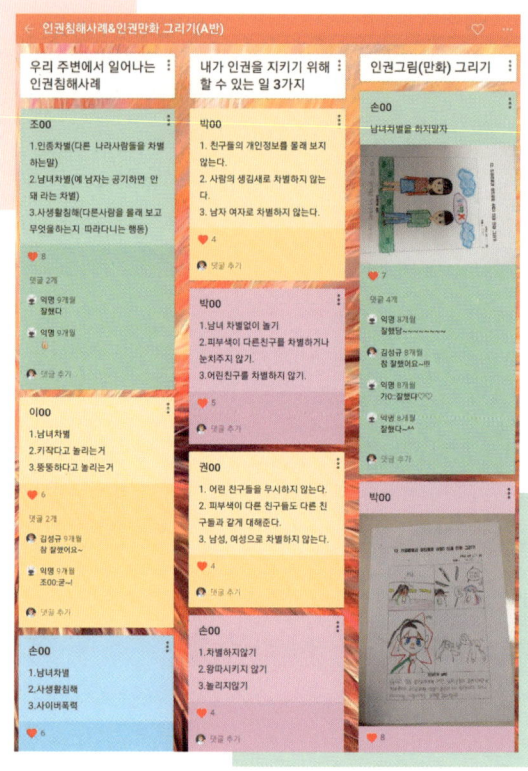

인권 침해 사례와 인권 보호 방법 찾기

● **인권 만화 그리기**

마지막으로 지금까지 나눈 이야기를 토대로 인권 만화를 그리고 세 번째 컬럼에 전시하는 시간을 가졌습니다. 형식은 자유롭게 하되 '인권 보호'라는 주제가 잘 드러나도록 그림을 그려 보았습니다. 그 결과 남녀, 인종, 소수자, 학교 폭력 등 다양한 소재의 인권 만화가 만들어졌습니다.

인권 침해 사례를 찾고 인권을 지키기 위한 실천 방법을 살펴본 다음 인권 만화 창작으로 이어진 이 수업을 마치고 한 학생이 "인권이 진짜 우리랑 딱 붙어 있는 거였네요."라는 소감을 남겼습니다. 인권이라는 것이 우리 삶에서 멀리 떨어져 있는 것이 아님을, 인권을 지키는 것이 어렵고 복잡한 일이 아님을, 학생들이 오랫동안 기억하고 실천하길 바라고 또 바라봅니다.

학생들이 그린 인권 만화

[미술] 익숙한 물건 낯설게 보기
〈나무집게의 매력을 찾아서〉

수업 형태
등교 수업,
온라인 수업

템플릿 형식
그리드

"나는 쌍둥이이고 동생과 항상 마주 보고 있어요. 길쭉하고 날씬한 몸을 가졌지만 쌍둥이 동생과 힘을 합한다면 나보다 덩치가 큰 친구들도 들어올 릴 수 있어요. 나는 나무로 만들어졌으며 동생과는 스프링으로 이어져 있지요. 나는 크기도 색깔도 다양하고 어떨 때는 예쁘게 장식하기도 한답니다. 나는 무엇일까요?"

내가 누구인지 아셨나요? 바로 나무집게입니다. 나무집게는 교실에서 쉽게 볼 수 있는 사물로 학생들이 잘 알고 있습니다. 익숙한 사물을 이용하여 전혀 색다른 미술 작품을 만든다면 참 흥미롭고 재미있는 활동이 되겠지요? 호기심을 가지고 나무집게를 여러 방향에서 탐색하고 연상되는 것을 표현하는 활동이 바로 '나무집게의 매력을 찾아서'입니다. 이 수업은 등교 수업(작품 만들기)과 온라인 수업(작품 전시회)이 혼합된 블렌디드 수업으로 진행되었습니다.

패들렛 설정하기

작품을 모으고 표현 의도를 적는 패들렛은 '그리드' 형식을 추천합니다. 가로로 4개씩 작품이 배치되고 학생들의 작품을 비교적 한눈에 비교하며 감상할 수 있습니다. 같은 사물을 활용한 친구들의 작품이 어떻게 다른지 살펴보기에 좋지요. '댓글'과 반응('좋아요')도 활성화합니다.

● **준비 및 탐색하기**

크기가 다른 3가지 종류의 나무집게를 넉넉하게 준비합니다. 이때 학생들이 표현하고 싶은 주제에 따라 나무집게에 색칠도 할 수 있으니 다른 색깔로 채색되지 않은 나무집게가 좋습니다. 나무집게가 준비되었다면 재료를 탐색해 봅니다. 여러 방향에서 바라보고 집게를 벌렸다 오므렸다도 해 봅니다. 만지고 문질러도 봅니다. 무엇이 연상되는지 물어보고 학생들의 연상을 돕기 위해 예시 작품을 함께 제시해 줍니다.

● **표현하기**

학생들의 작품 활동 시간입니다. 다양한 작품을 위해 나무집게의 크기와 개수를 정하지 않았고 나무집게를 분리해도 좋다고 했습니다. 나무집게를 배치하고 연상되는 그림을 그리면서 작품을 완성합니다. 작품 완성 후 사진을 패들렛에 찍어 올리고 표현 의도를 적습니다.

나무집게 변형 활동 결과물

- **온라인 전시회**

이제 친구들의 작품을 감상할 차례입니다. 보통 작품을 완성하고 교실에 전시하고 나면 자신의 작품을 설명하는 시간을 가지기란 쉽지 않습니다. 그런데 패들렛을 활용하면 친구들의 작품 감상은 물론이거니와 제작 의도까지 파악할 수 있습니다. 물론 '댓글'과 '좋아요'로 서로를 칭찬하고 응원할 수도 있고요.

• • •

간단한 활동이지만 학생들의 상상과 표현을 자극하는 이 활동을 꼭 한 번 해 보시길 추천합니다. 익숙한 물건을 낯설게 보며 미술 본연의 재미를 느끼게 해 줍니다.

[음악, 실과] 패들렛 활용 수업 아이디어

수업 형태
등교 수업, 온라인 수업

템플릿 형식
셸프

패들렛은 원활한 예체능 수업을 도와주는 훌륭한 조력자입니다. 코로나19로 인해 교실에서 미처 시도하지 못한 활동들이 많은데 패들렛의 녹음, 이미지 올리기 기능 등을 활용하면 예체능 수업 활동을 여러 가지 시도해 볼 수 있습니다.

● [음악] 악기 연주

코로나19로 인해 정상적인 수업 운영이 가장 힘들었던 교과 중 하나는 단연 음악입니다. 가창부터 기악까지 교육내용의 모든 부분에 제한이 있었기 때문이지요. 특히 리코더나 단소 등 입으로 부는 악기는 거의 다루지 못해 진한 아쉬움이 남습니다. 이런 아쉬움을 달랠 수 있는 방법이 하나 있습니다. 바로 패들렛을 활용한 기악 영상 찍기입니다.

패들렛 설정하기

패들렛 템플릿은 '셸프(선반)'를 선택합니다. 컬럼은 학생 수만큼 만들고 미리 이름을 기재해 둡니다. '댓글'과 반응은 비활성화, '승인 필요'는 활성화합니다. 패들렛의 '비디오 레코더' 기능으로 연주 장면을 녹화합니다.

악기를 연주하고 패들렛으로 녹화해 업로드하는 음악 수업은 다음과 같이 진행됩니다. '승인 필요'를 활성화하면 개인 연주 장면이 친구들에게 공개되지 않으므로 학생들의 부담감을 낮출 수 있습니다.

① 원격 수업(ZOOM)을 통해 음악 책의 리코더 곡을 연습합니다. 이때, 각자 소회의실로 흩어져서 연습하고 교사는 소회의실을 돌아다니며 개별 지도합니다.
② 1~2주 정도 개인 연습 기간을 갖습니다.
③ 패들렛의 '비디오 레코더' 기능을 활용해 연주 장면을 녹화하여 업로드합니다.
④ 선생님은 학생들의 연주 장면을 확인하고, 영상 공개를 허락한 친구에 한해 영상을 전체 공개합니다.

● **[실과] 식물 기르기**

실과는 이름 그대로 실천적인 학습활동을 통해 생활을 향상시키고자 하는 교과입니다. 동식물 키우기, 목공, 요리 등 학생들이 흥미를 갖는 여러 가지 활동들이 다양하게 배치되어 있어 인기가 높은 교과이기도 하지요. 이 중 비대면, 비접촉 상황에서도 쉽게 할 수 있는 '식물 기르기' 기록 사례를 소개합니다.

패들렛 설정하기

패들렛 템플릿은 '셀프(선반)'를 선택하고, 컬럼은 학생 수만큼 만들어 이름을 기재합니다. '댓글'과 반응은 활성화합니다.

내 손으로 직접 식물을 기르고 그것을 기록하는 활동을 위해 선택한 식물은 무순입니다. 키우기 간단하고 성장 속도가 빨라 아이들이 짧은 기간에 변화를 확인하기에 좋습니다. 활동 방법은 다음과 같습니다.

① 학생들에게 '무순 키우기 키트'를 나눠 주고, 무순을 기르는 방법을 자세히 안내합니다.

② 집에서 무순을 기르고 성장 과정을 매일 사진으로 남깁니다.

③ 무순이 5일 정도 자라면 그동안 찍은 사진과 기록을 패들렛에 올립니다.

④ 다른 친구들이 올린 기록을 살피고 '댓글'과 '좋아요'로 반응합니다.

패들렛 학생 결과물

6

'아이들은 놀기 위해 세상에 온다'라는 말이 있지요. 패들렛으로도 학생들과 열심히 놀 수 있습니다. 특히 '그림 기능'을 활용한 패들렛 그림 놀이는 학생들과 언제 해도 분위기가 후끈 달아오를 정도로 인기 폭발이죠. 재밌는 속담 맞히기부터 나만의 상상 이야기 만들기까지 다양한 그림 놀이로 학생들과 소통해 보세요. 학생들의 천진난만한 웃음 속에서 선생님도 절로 기분이 좋아지실 겁니다.

* 그림 기능을 쓰는 방법은 1장 패들렛 기초학습의 '4. 학생들 초대하고 게시물 올리기(22쪽)에서 확인하세요.

그림 놀이

즐거운 속담 퀴즈
〈이 속담은 무엇일까요?〉

수업 형태
등교 수업, 온라인 수업

템플릿 형식
타임라인

♡ ◯

속담과 관용표현을 재미있게 공부하는 방법 중 하나는 바로 그림으로 표현하는 것입니다. 어렵고 헷갈리는 속담도 그림 놀이와 함께라면 훨씬 쉽고 즐거워진답니다. 6학년 국어 관용표현이나 속담 단원을 배울 때 활용하면 좋습니다.

패들렛 설정하기

속담 퀴즈 그림 놀이에 활용할 패들렛 템플릿은 '타임라인'입니다. 순서대로 그림을 살펴보면서 함께 맞히기에 좋지요. '댓글'과 '좋아요'는 굳이 활성화하지 않아도 되며, 교실 상황에 맞게 융통성 있게 적용할 수 있습니다.

● 그림으로 하는 속담 퀴즈

속담 퀴즈 그림 놀이는 다음과 같이 진행합니다. 온라인 수업의 경우, 답을 채팅창에 남기게 하면 보다 적극적인 참여가 가능합니다. 평소에 소극적인 친구들도 채팅으로는 부담 없이 참여합니다.

① 학생들이 각자 속담 하나를 생각합니다. 또는 선생님이 20~30개 정도의 속담을 미리 제시하고 그중에서 하나를 고르게 해도 좋습니다.

② 속담을 골랐다면 게시글 작성을 눌러 제목에 이름을 씁니다.
③ 2분의 제한 시간 동안 패들렛의 '그림 기능'을 활용해 자신이 고른 속담을 그림으로 표현합니다.
④ 제한 시간이 끝나면 '저장하기'를 누르고 속담 그림을 게시합니다.
⑤ 함께 그림을 살펴보며 어떤 속담인지 맞혀 보고, 속담의 뜻이 무엇인지 확인합니다.

정답: 뛰는 놈 위에 나는 놈 있다(왼쪽)
자라 보고 놀란 가슴 솥뚜껑 보고 놀란다.(오른쪽)

활동 Tip

학생들이 그림을 그릴 때 재생 시간이 2분 정도 되는 배경음악을 함께 틀어 주면 좋습니다. 분위기를 좋게 만들 뿐만 아니라, 음악이 끝날 때 자연스럽게 활동을 마무리할 수 있습니다.

학생들이 그림으로 즐겁게 표현하는 속담 목록

언 발에 오줌 누기.	똥이 무서워서 피하랴, 더러워서 피하지.
닭 쫓던 개 지붕 쳐다본다.	낫 놓고 기역 자도 모른다.
백지장도 맞들면 낫다.	가는 말이 고와야 오는 말이 곱다.
자라 보고 놀란 가슴 솥뚜껑 보고 놀란다.	뛰는 놈 위에 나는 놈 있다.
가는 날이 장날이다.	천릿길도 한 걸음부터.
발 없는 말이 천 리 간다.	강 건너 불구경.
소 잃고 외양간 고친다.	고생 끝에 낙이 온다.
꿩 먹고 알 먹기.	도둑이 제 발 저린다.
무자식이 상팔자.	바늘 도둑이 소도둑 된다.
방귀 뀐 놈이 성낸다.	벼는 익을수록 고개를 숙인다.

나를 그려요
⟨100억에 팔릴 자화상⟩

수업 형태
등교 수업, 온라인 수업

템플릿 형식
담벼락

자화상 그리기는 고차원적이고 어렵다고요? 이런 편견을 한 번에 날려 버리는 아주 쉬운 그림 놀이가 있습니다. 바로 '100억에 팔릴 자화상' 놀이입니다. 이 놀이는 자화상 그림을 정교하게 완성하는 데 목적이 있는 활동이 아니라 짧은 시간에 특징적인 부분만 자유롭고 즐겁게 표현하는 놀이입니다.

패들렛 설정하기

자화상 그림 놀이에 활용할 패들렛 템플릿은 '담벼락'입니다. 다양한 자화상 그림들이 액자처럼 걸리는 효과를 줄 수 있습니다. '댓글'과 반응('별점')도 활성화해 놓습니다.

● **자화상 그림 놀이**

자화상 그림 놀이를 하기 전에 저는 학생들에게 다음과 같이 말해 줍니다.

"이제 여러분은 자신의 얼굴을 잘 관찰해서 2분 안에 자화상을 그립니다. 시간이 너무 짧다고 걱정하지 마세요. 어떻게 그리든 이 그림은 20년 뒤, 100억에 팔리게 됩니다. 거짓말 같다고요? 진짜예요. 여러분은 그 정도의 가치가 있는 사람들이거든요. 자신감 있게 그리세요."

자화상 그림 놀이는 아래와 같은 방법으로 진행됩니다. 그림 실력을 평가

하는 활동이 아니므로 추상적이거나 간단한 그림도 모두 수용해 주세요.

① 자신의 얼굴을 천천히 관찰할 시간을 갖습니다.
② 게시글 작성하기를 누르고 '그리기 기능'을 활용해 자기 얼굴을 그립니다.
③ 2분의 제한 시간이 끝나면 자화상 그림을 게시합니다.
④ 학생들은 서로의 자화상을 감상하며 댓글에 어떤 친구인지 추측해서 이름을 쓰고, 자화상에 대한 감상평을 남깁니다.
⑤ 댓글을 다 썼다면 별점으로 자화상의 예술성을 평가합니다.
⑥ 모두 함께 자화상을 감상하고 누구의 자화상인지 확인합니다.

패들렛 자화상 그리기 활동

활동 Tip

- 별점을 주는 경우, 일부 학생들이 장난을 칠 가능성이 있습니다. 별점 또한 서로를 격려하고 응원하는 의미라는 것을 확인하고 최소 3점 이상은 주는 것으로 미리 약속합니다.
- 자화상 그리기에 이어서 '스스로를 뻔뻔하게 칭찬하는 글쓰기'를 진행하면 더 재밌습니다. 학생들에게 다양한 자기표현의 기회를 충분히 부여해 주세요.

나를 뻔뻔하게 칭찬하기
활동

권○○

우리가윤이는요, 노력을 아주아주 열심히 한답니다~ 공부도 아주 열심히 해서 상장도 아주 많이 받았고요! 상장이 많아서 A4파일에 넣어 보관할 정도에요~ 항상 1등을 하려고 노력을 해요~ 뻔뻔한 게 하나라 사실을 말한 것 뿐이에요

박○○

어머머머...호호호 안녕하세요. ○○이 엄마에요

우리 ○○이는요 글쎄 그림도 잘그리고....또......못하는게 없어요 호호

그리고 아주그냥 엄마아빠말도 잘듣고 심부름도 잘하고 아주그냥 만능이라구요 ㅎㅎ

무엇보다 어~~~~찌나 착하던지 ㅎㅎ

어머 뻔뻔한게 아니라 ○○이가 잘난 거에요 ㅎㅎ

이것은 무엇일까요
〈초성 그림 놀이〉

수업 형태
등교 수업, 온라인 수업

템플릿 형식
타임라인

초성 퀴즈는 학년을 불문하고 언제든지 학생들의 뜨거운 반응을 이끌어 낼 수 있는 활동입니다. 이 활동이 그림 놀이와 만나면 어떻게 될까요? 곳곳에서 터지는 학생들의 웃음소리가 가득한 초성 그림 놀이를 소개합니다.

패들렛 설정하기

초성 그림 놀이에 활용할 패들렛 템플릿은 '타임라인'입니다. '댓글'과 반응('좋아요')은 굳이 활성화하지 않아도 됩니다. 융통성 있게 적용하세요.

● **그림으로 표현하는 초성 단어**

초성 그림 놀이는 매우 쉽고 간단하지만 학생들의 반응만큼은 매우 뜨거운 놀이입니다. 패들렛을 처음 연습하며 재미를 붙일 때나 자투리 시간, 창체 시간 등에 활용하면 좋습니다. 초성 그림 놀이의 진행 방법은 다음과 같습니다.

① 선생님이 초성을 제시합니다. (예: 초성이 'ㅇㅈ'인 단어 그리기)
② 게시글 작성하기를 누르고 2분의 제한 시간 동안 '그림 기능'을 활용해 초성에

맞는 단어를 그립니다. (예: 여자, 우주, 엄지, 위장, 액자, 오줌 등)
③ 2분의 제한 시간이 끝나면 제목에 자기 이름을 쓰고 그림을 게시합니다.
④ 모두 함께 어떤 단어를 그렸는지 맞혀 봅니다.

제시된 초성 'ㅇㅈ'을 보고 각각 우주, 여자, 육지를 그린 학생 결과물

활동 전에 선생님이 먼저 시범을 보여 주는 것도 좋습니다. 학생의 수준에 따라서 초성을 그림으로 표현하는 놀이 내용을 제대로 이해하지 못하는 경우가 있기 때문입니다. 활동이 끝나고 난 뒤에는 다음과 같은 이야기를 하며 마무리하면 더욱 큰 교육적 효과를 기대할 수 있습니다.

"여러분, 재밌었나요? 여러분들이 그린 그림을 다시 한번 살펴보세요. 어떤가요? 같은 초성을 들었어도 전혀 다른 단어를 생각했지요? 그리고 운 좋게 같은 단어를 생각했다고 하더라도 그림은 모두 다르게 표현했네요. 이처럼 우리는 모두 다릅니다. 하지만 다른 것이 나쁜 것은 아니에요. 달라서 우리는 오늘 이 시간, 이렇게 행복하게 웃고 떠들었으니까요. 그림 놀이를 통해 여러분들이 서로가 다르다는 것을 인정하고, 그 다름이 결코 나쁜 것이 아님을 기억하길 바랍니다. 우리는 다름을 존중하는, 달라서 행복한 학급입니다."

활동 Tip

- 선생님이 처음에 초성을 제시하는 대신, 학생들이 자유롭게 그림을 그린 뒤 내용에 초성을 적고 함께 맞히는 활동을 해도 재밌습니다.
- 20분 정도면 모든 학생이 그림을 그리고 정답을 확인하는 데 큰 무리가 없습니다.(24명 기준) 만약 자투리 시간을 활용한다면 날마다 몇몇 친구들이 돌아가며 그리고 맞혀 봅니다.

센스를 발휘해요 〈캐치마인드〉

수업 형태: 등교 수업, 온라인 수업
템플릿 형식: 그리드

캐치마인드는 예전부터 많은 사람들이 즐긴 온라인 그림 퀴즈의 대표격이라고 할 수 있습니다. 제시어를 그림으로 설명하되 간접적인 방식으로 표현해야 하는 제한 사항이 있어 예상하지 못한 부분에서 웃음을 터뜨리게 만드는 놀이지요. 패들렛에서는 학급의 모든 친구들이 함께 문제를 내고 맞혀 볼 수 있어 캐치마인드의 매력이 한층 살아납니다.

패들렛 설정하기

캐치마인드에 활용할 패들렛 템플릿은 '그리드'입니다. 그림을 크게 보기에 유용한 템플릿이지요. '댓글'과 반응('좋아요') 역시 교실 상황에 따라 활성화하면 됩니다.

● 제시어 그림 퀴즈

놀이를 하기 전에 캐치마인드에 대해 잘 알지 못하는 친구들을 위해 미리 예시작품 몇 가지를 보여 주며 제시어를 맞히는 활동을 합니다. 캐치마인드 예시 작품들은 구글 검색을 통해 쉽게 찾을 수 있습니다. 이 과정을 거치며 학생들은 캐치마인드가 무엇인지 확실하게 이해하게 됩니다. 교과서에 있는 단어를 찾아서 캐치마인드로 표현해 보게 해도 좋습니다. 그 안에서 단어를 찾아보는 재미가 있을 뿐 아니라 교과와도 연계할 수 있어 학습 효과도 있습니다. 진행 방법은 다음과 같습니다.

① 학생 수만큼 제시어가 적힌 쪽지를 만들고 각자 뽑아 가도록 합니다. 온라인 수업의 경우, 학생 스스로 단어를 골라보게 합니다.
② 단어를 어떻게 표현할지 구상하는 시간을 갖습니다.
③ 3~5분의 제한 시간 동안 '그림 기능'을 활용해 단어를 표현합니다.
④ 제한 시간이 끝나면 제목에 자기 이름을 쓰고 그림을 게시합니다.
⑤ 모두 함께 어떤 단어를 그렸는지 맞혀 봅니다.

캐치마인드 활동

활동 Tip

- 캐치마인드에서는 웬만하면 글씨를 쓰지 않습니다. 주제어가 어렵더라도 글씨를 써서 힌트를 주지 않도록 합니다. 다만, 학급 수준에 따라 힌트의 범위는 자율적으로 결정하면 됩니다.
- 라운드를 반복할수록 실력이 늘기 때문에 최소 2~3라운드까지 해 보는 것을 추천합니다.

협동해서 그려요
〈그림 끝말잇기〉

수업 형태
등교 수업,
온라인 수업

템플릿 형식
셀프

끝말잇기는 아무런 도구 없이 재밌게 즐길 수 있는 놀이 중 하나입니다. 이 놀이를 그림과 엮으면 어떻게 될까요? 끝말잇기 고유의 재미뿐 아니라 상대의 그림을 보고 단어를 추측해야 하는 긴장도 더해져 몰입도를 높여 줍니다.

패들렛 설정하기

그림 끝말잇기에 활용할 패들렛 템플릿은 '셀프'입니다. '댓글'과 반응('좋아요')은 활성화하지 않습니다. '새 게시물 위치'는 반드시 마지막으로 올 수 있게 설정해 줘야 원활한 놀이가 가능합니다. 설정이 끝났다면 모둠 수만큼 컬럼을 만들고, 컬럼 제목에 모둠 이름을 써 줍니다.

● **그림으로 끝말 이어가기**

그림 끝말잇기는 앞 단어의 끝말로 시작되는 단어를 생각해 그림으로만 표현해야 합니다. 아이들 대부분 끝말잇기 놀이를 잘 알고 있어 쉽게 이해하고 몰입하는 놀이입니다. 다만 모둠별로 진행하다 보니 자기 모둠이 아닌 다른 모둠의 컬럼에 그림을 그리는 경우가 간혹 생깁니다. 활동 시작 전에 자기 모둠의 컬럼이 어디 있는지 반드시 확인하도록 합니다.

① 제한 시간 2분 동안 각 모둠 1번이 첫 번째 단어를 그립니다. 이때 반드시 자신의 모둠 컬럼에 그림을 그릴 수 있도록 안내합니다.
② 1번의 차례가 끝나면 각 모둠 2번이 1번의 그림을 보고 어떤 단어인지 추측합니다. 그리고 그 단어의 끝말을 이을 두 번째 단어를 그립니다.
③ 모든 모둠원이 차례를 마칠 때까지 진행합니다.
④ 1모둠부터 제대로 끝말잇기가 됐는지 확인하고, 끝까지 끝말잇기가 되었다면 점수를 획득합니다.
⑤ 3라운드를 진행해서 가장 높은 점수를 얻은 모둠이 승리합니다.

그림 끝말잇기 결과물

1모둠 (실패)	자동차-차키-(차열쇠로 생각하고) 쇠망치-치코리타(포켓몬스터 종류)
2모둠 (성공)	돼지-지네-네모-모래
3모둠 (성공)	연필-필통-통나무-무침

활동 Tip

- 그림을 잘 못 그리는 친구를 비난하지 않습니다. 놀이는 함께 즐기기 위해 하는 것임을 미리 확인하고, 승패가 아닌 놀이를 즐길 수 있게 독려합니다.
- 끝말잇기 그림을 그리는 동안 다른 모둠원들은 힌트를 주거나 떠들어서는 안 됩니다. 친구가 제대로 그림을 그렸는지 확인하는 역할을 합니다.

상상해서 말해요
〈뒤죽박죽 그림 이야기〉

수업 형태
등교 수업, 온라인 수업

템플릿 형식
캔버스

학생들이 가장 좋아하는 것은 자유롭게 상상하고 마음껏 표현하는 것입니다. 별다른 규칙 없이도 상상과 표현을 자극할 수 있는 '뒤죽박죽 그림 이야기' 놀이를 소개합니다.

패들렛 설정하기

뒤죽박죽 그림 이야기에 활용할 패들렛 템플릿은 '캔버스'입니다. 가장 자유로운 템플릿이며 '연결하기' 기능을 활용할 수 있다는 장점이 있지요. '댓글'과 반응('좋아요')도 활성화해 놓습니다.

● **뒤죽박죽 그림, 뒤죽박죽 이야기**

아이들이 직접 단어를 생각해 그림으로 표현하고, 친구들의 그림 중 자유롭게 골라 나만의 이야기를 만들어 보는 놀이입니다. 패들렛으로 하면 그림들이 한눈에 연결되고 친구들의 이야기를 나란히 볼 수 있어 좋습니다. 이렇듯 정답이 따로 없는 활동을 할 때 아이들의 몰입도는 놀라울 정도입니다. 이 놀이는 다음과 같이 진행합니다.

① 각자 생각나는 단어를 그림으로 그려서 게시합니다. 제목에는 각자의 이름을

쓰고 내용에는 어떤 단어인지 쓰도록 합니다.

② 선생님이 학생들의 그림을 전체적으로 확인하며 보기 좋게 정리해 줍니다.

③ 학생들은 친구들의 그림 중 마음에 드는 세 가지를 고릅니다. (예: 곰 인형, 수박, 구름)

④ 고른 그림 세 가지로 나만의 이야기를 만듭니다. (예: 성규네 집에는 곰 인형 하나가 살고 있었어요. 주인이 없을 때면 곰 인형은 구름을 타고 하늘을 날아다녔지요……)

⑤ 글을 다 쓴 학생은 '연결하기' 기능을 활용해 자신이 고른 그림 세 가지에 연결합니다.

⑥ 서로의 글을 읽어보고, '댓글'과 '좋아요'로 반응합니다.

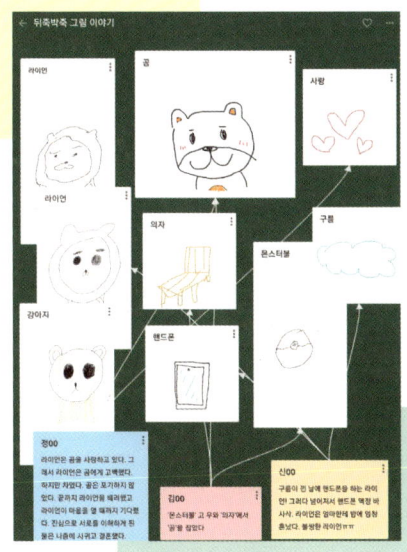

뒤죽박죽 그림 이야기

활동 Tip

생각나는 단어를 아무거나 그릴 때, 폭력적이거나 비교육적인 것을 그리지 않도록 미리 약속합니다. 그림 그리기 시간은 1~2분 정도가 적당합니다.

부록 | 그것이 알고 싶다 '패들렛 Q&A'

패들렛 관련 연수를 진행하면서 선생님들께 가장 많이 받은 질문들을 모았습니다.

Q | '복제'는 무엇인가요?
A | 다른 사람의 패들렛을 복제할 수 있는 기능입니다. 복제를 할 때 제목과 설명을 바꿀 수도 있으며, 패들렛 디자인만 복제할 것인지 게시물까지 모두 복제할 것인지도 선택할 수 있습니다. 여러 학급이나 모둠이 하나의 패들렛 양식을 사용하는 경우 활용합니다.

Q | '♡'는 무엇인가요?
A | 다른 사람의 패들렛에 '좋아요' 표시를 하는 기능입니다. '좋아요' 표시를 한 패들렛은 대시보드의 '좋아요' 폴더에 계속 남아 있기 때문에 언제든 들어가 볼 수 있습니다.

Q | 템플릿은 한 번 정하면 바꿀 수 없나요?
A | 바꿀 수 있습니다. 해당 패들렛의 오른쪽 위를 보면 톱니바퀴 옆에 점 세 개가 있습니다. 점 세 개를 누르고 난 뒤, '서식 변경'을 클릭해서 바꾸고 싶은 템플릿을 선택하면 됩니다. 다만 서식을 변경했을 경우 게시물의 위치 등이 망가지게 되니 웬만하면 처음부터 템플릿을 잘 선택하는 것이 좋습니다.

Q | 패들렛은 그대로 두고 게시물만 삭제할 수 있나요?
A | 삭제할 수 있습니다. 톱니바퀴 옆 점 세 개를 누르고 난 뒤, '모든 게시물 지우기'를 클릭하면 모든 게시물이 삭제됩니다.

Q | 패들렛은 어떻게 삭제하나요?
A | 삭제하는 방법은 두 가지입니다.
  ① 해당 패들렛의 톱니바퀴 옆 점 세 개를 누르고 난 뒤, '삭제하기'를 클릭하면 삭제 코드가 뜹니다. 제시된 숫자 네 개를 똑같이 입력하고 삭제를 누르면 됩니다.
  ② 대시보드에서 바로 삭제할 수도 있습니다. 패들렛 목록에서 삭제를 원하는 패들렛을 찾고 세로로 놓여 있는 점 세 개를 눌러 '삭제하기'를 클릭합니다. 위와 동일한 방법으로 패들렛을 삭제할 수 있습니다.

Q | 삭제한 패들렛은 복원할 수 있나요?
A | 복원할 수 없습니다. 삭제를 할 때는 신중히 생각하세요.

Q | 때때로 패들렛에 다른 사람들의 글이 보이지 않거나 게시물 수정이 안 되는 경우가 있습니다. 어떻게 해야 하나요?
A | '새로고침'을 한 번 하세요. 접속자가 동시에 많이 몰렸을 경우 딜레이 현상이 일어나면서 가끔 이런 경우가 생깁니다. 새로고침을 하면 이 같은 문제는 대부분 해결됩니다.

Q | 몇몇 학생들이 링크를 누르고 패들렛에 접속했는데 아무것도 안 보이는 먹통이라고 합니다. 왜 그런 걸까요?
A | 백이면 백, '익스플로러' 브라우저를 사용했기 때문입니다. 패들렛은 익스플로러를 지원하지 않기 때문에 크롬이나 엣지 등 다른 브라우저를 사용해야 합니다. 윈도우의 인터넷 기본 연결 브라우저를 크롬이나 엣지 등으로 바꾸도록 안내해 주세요. 그래야 링크를 클릭했을 때 익스플로러로 연결되지 않습니다.
 * 변경 방법: 윈도우 설정 – 앱 – 기본앱 – 웹 브라우저 '크롬'으로 변경

Q | 다른 사람의 패들렛에 글을 쓴 이후로, 계속 공유됨 폴더에 남아 있어요. 삭제할 방법이 없나요?
A | 다른 사람이 만든 패들렛은 삭제할 수 없습니다. 대신 공유됨 폴더에서 없애는 방법은 있습니다. 지우고 싶은 패들렛에 접속한 뒤, 내가 남긴 글과 댓글을 모두 지우면 됩니다. 해당 패들렛에 남아 있는 나의 흔적을 제거하면 공유됨 폴더에서도 자연스럽게 사라지게 됩니다.

Q | 파일을 업로드할 때, 한꺼번에 업로드하는 방법은 없나요?
A | 있습니다. 업로드하고 싶은 파일을 전체선택(Ctrl+A)한 뒤, 마우스로 클릭해서 패들렛 창에 끌어 옮기세요. 자동으로 전체 업로드가 진행됩니다.

패들렛 완전정복
36가지 블렌디드 수업 디자인

ⓒ 김성규 2021

1판 1쇄 발행 2021년 6월 1일
1판 7쇄 발행 2024년 11월 15일

지은이	김성규
펴낸이	한기호
책임편집	여문주
편집	서정원, 송원빈, 이선진
마케팅	윤병일, 하미영
경영지원	김윤아
디자인	천병민
인쇄	예림인쇄
펴낸곳	(주)학교도서관저널
출판등록	제2009-000231호(2009년 10월 15일)
주소	04029 서울시 마포구 동교로12안길 14(서교동) 삼성빌딩 A동 3층
전화	02-322-9677
팩스	02-6918-0818
전자우편	slj9677@gmail.com
홈페이지	www.slj.co.kr

ISBN 978-89-6915-100-1 03370

• 이 책은 저작권법에 따라 보호를 받는 저작물이므로 무단 전재와 무단 복제를 금합니다.
• 책값은 뒤표지에 있습니다.